ELOGIOS PARA
EL MATRIMONIO VERTICAL

Si su matrimonio no es vertical, tarde o temprano tendrá que pagar el precio. O... usted podría leer este libro y transformar su matrimonio en una historia de amor novedosa, atractiva e inmejorable. Es su decisión.

—DR. TIM KIMMEL, autor de *Grace Filled Marriage*

Como atletas, invertimos inmensas cantidades de tiempo y dinero para aprovechar las oportunidades no solo de triunfar, sino alcanzar la grandeza. Apartar tiempo para leer este libro hará por su matrimonio lo que todos los grandes atletas hacen por sus profesiones: encontrar a los mejores en su especialidad y aprovechar esos conocimientos en pro de su carrera deportiva. Este libro le transformará radicalmente como persona y como cónyuge y, al igual que mi esposa y yo, se convertirá en parte de un matrimonio que prospera gracias a estas enseñanzas y principios. Si quiere que su matrimonio se destaque, *El matrimonio vertical* —de Dave y Ann Wilson— marcará la diferencia.

—DAN Y TIFFANY ORLOVSKY, mariscal de campo por doce años en la Liga Nacional de Futbol (NFL) y siete años miembro del equipo Detroit Lions (Dan y Tiffany tuvieron el honor de haber sido casados por Dave)

Lo que más me agrada de mis amigos Dave y Ann Wilson es su franqueza, junto con su pasión por ver las parejas vivir el matrimonio como Dios lo ideó. Cualquiera sea el punto en el que estén en su relación, *El matrimonio vertical* les acercará más a medida que aprendan a ir a lo vertical juntos.

—BOB LEPINE, anfitrión del programa FamilyLife Today

El matrimonio vertical brinda un mensaje que transformará, virtualmente, a todas las parejas que buscan la presencia de Dios en su matrimonio. Es una lectura muy entretenida y llena de experiencias con las que todos los casados se pueden identificar. Dave y Ann Wilson ofrecen perspectivas que combinan a la perfección con el singular concepto de un matrimonio vertical.

—JIM CALDWELL, entrenador jefe por siete años en
la NFL y dos veces campeón del Super Bowl

Dave y Ann Wilson tienen una habilidad especial para mostrar sus cicatrices de manera auténtica, al glorificar a Dios como la pieza central de todo el proceso. Su impacto en nuestro matrimonio es inmensurable, por lo que ambos estamos eternamente agradecidos.

—DREW Y KRISTIN STANTON, mariscal de
campo del equipo Cleveland Browns

Una de las razones por las que tengo un matrimonio saludable hoy es debido a cómo el pastor Dave y Ann Wilson invirtieron en mi vida cuando era adolescente. Como alguien que pasó mis años de escuela secundaria en su iglesia, ellos modelaron un matrimonio auténtico y perseverante centrado en Cristo. Dave y Ann son transparentes, sabios y relevantes. Usted llegará a ser una «mosca en la pared» mientras comparten sus historias y perspicacia conseguida con esfuerzo. El matrimonio vertical no se trata de esforzarse más; se trata de intentarlo de nuevo. Estoy tan feliz de que lo intentaron una y otra vez. Nuestro matrimonio da forma a las generaciones futuras. Deje que este libro le anime, no importa en qué temporada esté.

—ESTHER FLEECE ALLEN, conferencista
y autora de *No More Faking Fine*

Es raro tener un gran matrimonio. Y es extraño ser un gran comunicador. Sin embargo, combine esas dos cosas y tendrá el libro correcto para la persona adecuada escrito por los autores idóneos. Soy seguidor de Dave y Ann Wilson así como de *El matrimonio vertical*. Me han ayudado, lo cual también harán por usted.

—BRIAN TOME, pastor principal de la congregación
Crossroads Church, Cincinnati, Ohio

Mis conferencistas favoritos en materia de matrimonio al fin escribieron un libro, uno que les pedí que hicieran desde que los escuché por primera vez en un escenario, hace casi diez años. Los Wilson son excelentes en su área y leer *El matrimonio vertical* nos da un vistazo de su vida y su matrimonio, pero no en una forma religiosa y estrecha como si usted escuchara a un pastor que, en realidad, no le da entrada a su mundo verdadero. Este libro no es como otros que parecen ser inaccesibles. Aquí obtendrá consejos útiles y sabiduría provenientes de una pareja que ha pasado por muchas experiencias y que está dispuesta a ayudarle a aprender de los errores de ellos para que usted no los cometa. Esta obra le animará e, incluso, le dejará con un sentimiento de bienestar en cuanto al punto en que se encuentra en su matrimonio, pero no le abrumará con noticias deprimentes y más tareas por hacer.

—CRAIG GROSS, fundador de XXX Church

Dave y Ann Wilson son extraordinarios en desglosar cómo y por qué hacer que el matrimonio marche bien. La información expuesta en *El matrimonio vertical* no solo es verdadera, sino que es aplicable y da resultados. Ellos saben cómo hacerlo divertido. Además, me sorprende que Dave —finalmente— tomara el tiempo suficiente para escribirlo.

—MICHAEL JR., comediante y autor de *The Parts We Play*

Dave y Ann Wilson han sido dotados por Dios para enseñar a los matrimonios en todo el país. Hemos tenido la bendición de escuchar y aprender los principios relacionales de los Wilson durante tres años y, aun hoy, buscamos su consejo. Qué bendición será *El matrimonio vertical* para innumerables parejas que sentirán por este medio lo que muchos han experimentado en persona a través de su iglesia, su ministerio expositor y su obra como capellanes de los Detroit Lions por más de treinta años. La transparencia de ambos, su compromiso con el matrimonio bíblico y las historias que relatan convencerán, desafiarán y alentarán a todos los que lean esta obra.

—JON Y JEN KITNA, mariscal de campo por diecisiete años
de la NFL y actual entrenador de fútbol de secundaria

Como atleta profesional, aprovecho a los expertos en cada faceta de mi carrera para ser el mejor. Esforzarse por ser el mejor, por supuesto, no termina en el campo. Elise y yo queremos el matrimonio más satisfactorio que podamos tener y *El matrimonio vertical* —escrito por dos expertos en relaciones—, nos muestra cómo lograrlo esforzándonos para alinearnos verticalmente con Cristo. Elise y yo confiamos en Dave y Ann Wilson como verdaderos expertos y mentores, como una pareja que ha pasado por todo.

—GOLDEN Y ELISE TATE, receptor de los
Detroit Lions y campeón del Super Bowl

Tenía cierta idea de que podía transformar a mi esposo en el hombre que yo anhelaba. Por la gracia de Dios, conocí a Dave y Ann Wilson. Fue cuando supe que mi esposo no necesitaba ser reparado; pero sí mi propia visión. Con su instrucción pude volver a enfocarme y, quince años después —todas las noches—, todavía colocamos un letrero en la puerta que dice: No molestar.

KOREN FURREY, esposa de Mike Furrey,
el más guapo entrenador de la NFL

EL
Matrimonio
VERTICAL

ABRAZA EL SECRETO QUE ENRIQUECERÁ TU MATRIMONIO

DAVE Y ANN WILSON
CON JOHN DRIVER

La misión de Editorial Vida es ser la compañía líder en satisfacer las necesidades de las personas con recursos cuyo contenido glorifique al Señor Jesucristo y promueva principios bíblicos.

EL MATRIMONIO VERTICAL
Edición en español publicada por
Editorial Vida – 2019
Nashville, Tennessee

© 2019 Editorial Vida
Este título también está disponible en formato electrónico.

A menos que se indique lo contrario, todos los textos bíblicos han sido tomados de La Santa Biblia, Nueva Versión Internacional® NVI® © 1986, 1999, 2015 por Bíblica, Inc.® Usados con permiso. Todos los derechos reservados mundialmente.

Las citas bíblicas marcadas «RVR1960» son de la Santa Biblia Reina Valera Revisada (RVR). Anteriormente publicada como la Santa Biblia, Versión Reina-Valera 1977. Copyright © 2018 por HarperCollins Christian Publishing. Usada con permiso. Todos los derechos reservados.

Las citas bíblicas marcadas «RVC» son de la Reina Valera Contemporánea ® © Sociedades Bíblicas Unidas, 2009, 2011.

Las citas bíblicas marcadas «NBLH» son de la Nueva Biblia Latinoamericana de Hoy® © 2005 por The Lockman Foundation, La Habra, California 90631, sociedad no comercial. Derechos reservados. http://www.NBLH.org. Texto derivado de La Biblia de las Américas © 1986, 1995, 1997 por The Lockman Foundation.

Las citas bíblicas marcadas «TLA» son de La Traducción en Lenguaje Actual © 2000 por Sociedades Bíblicas Unidas. Usada con permiso.

Las citas bíblicas marcadas «NTV» son de la Santa Biblia, Nueva Traducción Viviente, © Tyndale House Foundation, 2010. Usada con permiso de Tyndale House Publishers, Inc., 351 Executive Dr., Carol Stream, IL 60188, Estados Unidos de América. Todos los derechos reservados.

Los enlaces de la Internet (sitios web, blog, etc.) y números de teléfono en este libro se ofrecen solo como un recurso. De ninguna manera representan ni implican aprobación o apoyo de parte de Editorial Vida, ni responde la editorial por el contenido de estos sitios web ni números durante la vida de este libro.

Publicado en asociación con la agencia literaria de Wolgemuth & Associates, Inc.

Editora en Jefe: *Graciela Lelli*
Traducción: *Dr. Miguel Mesías*
Adaptación del diseño al español: *Grupo Nivel Uno, Inc.*

ISBN: 978-0-82976-883-1
CATEGORÍA: Religión / Vida cristiana / Amor y matrimonio
IMPRESO EN ESTADOS UNIDOS DE AMÉRICA
PRINTED IN THE UNITED STATES OF AMERICA

19 20 21 22 23 LSC 9 8 7 6 5 4 3 2 1

Al pie de nuestro lecho nupcial nos arrodillamos
y rogamos a Dios que nos otorgara un legado
que impactara al mundo para su reino.
Dios ha respondido esa oración a través de nuestros tres
hijos y sus esposas, a quienes dedicamos este libro.

C. J. y Robin: Trasmiten la gracia y la alegría de
Cristo a todos los que se topan con ustedes.
Austin y Kendall: Ustedes llevan la pasión de
Cristo doquiera que van y la derraman en sus
dulces hijos: Olive, Porter y Holden.
Cody y Jenna: Su pasión y su entrega a Cristo son
convincentes y transformarán a las generaciones venideras.
¡Lideren!

¡Que nuestro legado apunte primero a lo
Vertical para las generaciones venideras!

CONTENIDO

PRÓLOGO

Cuando Dios creó a Dave Wilson y a Ann Baron, ¡tenía grandes planes con ellos!

Cuando los llamó para que se convirtieran en Dave y Ann Wilson, Dios sonrió al verlos abrazar su plan.

Y cuando Dave y Ann le rindieron sus vidas y su matrimonio, en su décimo aniversario, Dios se manifestó y cambió la trayectoria de ellos para que pudieran impactar a cientos de miles de vidas.

Barbara y yo conocemos a Dave y a Ann hace más de tres décadas. Los hemos visto destacarse como individuos, como pareja y como familia. Han hablado en más de cien eventos memorables para matrimonios llamados «FamilyLife Weekend to Remember», ante decenas de miles de parejas. Son muy buenos amigos y emisarios confiables para llevar ayuda y esperanza a los matrimonios y a las familias.

Está usted a punto de beneficiarse profundamente con «el secreto» contado por dos de nuestros personajes favoritos en este libro.

Su sentido del humor está a punto de ejercitarse. Los Wilson no son solo una pareja atractiva y auténtica, son además incurablemente divertidos, entretenidos y convincentemente creativos en su comunicación con la generación actual.

Su corazón está a punto de ser masajeado y fortalecido, ya que Dave y Ann les dan —a usted y a su cónyuge— valor para llegar lejos en su matrimonio. Estimularán su corazón para que siga exponiendo los ingredientes de un gran matrimonio: humildad, amor y perdón.

Su vida está a punto de ser transformada cuando le desafíen a rechazar los surcos de la complacencia y la mediocridad en su matrimonio, y juntos —usted y su cónyuge— avancen con otros que experimenten la maravillosa aventura de seguir a Cristo. Dave y Ann tienen una misión y quieren que usted sepa lo que es ver a Dios usarle para modelar su amor con el fin de que otros lo vean.

Al elegir este libro, usted no solo ha hecho una gran elección, ha hecho una valiente elección. Abróchese el cinturón de seguridad: el viaje será emocionante y desafiante, tanto que predecimos que esta será una de las mejores inversiones que pueda hacer en su matrimonio y en su familia.

Dennis y Barbara Rainey

Cofundadores del ministerio FamilyLife y
conductores del programa *FamilyLife Today*

PRIMERA PARTE:

A lo vertical

Capítulo 1

SEIS PALABRAS

que lo cambiaron todo

La vida —o el matrimonio— se edifica con momentos, los cuales son ladrillos pequeños —que aunque parecen insignificantes—, apilados uno sobre otro con el paso del tiempo, calladamente, se convierten en paredes gigantescas, columnas monumentales, y puentes sobre diversos cuerpos de agua. Nuestras vidas se edifican ladrillo por ladrillo. Momento a momento. Muchos de estos pasan fugazmente y, para ser verdaderamente sincero, en realidad no son *muy* memorables. Después de todo, son simplemente ladrillitos.

Sin embargo, de vez en cuando, uno de esos «ladrillitos» sale de la pared de la vida, dirigiéndose contra usted como una tonelada de… pues bien, usted sabe. Ese breve momento de construcción le mira directamente a los ojos como para decirle: «¡Oye tú, fulano! Lo que escojas en los próximos cinco minutos determinará el resto de tu vida; ¡e incluso las vidas de tus hijos!».

Yo (Dave) experimenté uno de esos momentos tipo «presta atención al ladrillo» en el décimo año de mi matrimonio.

Pausa.

Presentaciones

Antes de pasar a ese episodio, probablemente deberíamos conocernos, tanto el uno con el otro como con la jornada que estamos a punto de emprender juntos. Me llamo Dave y esta es mi esposa, Ann. Di hola, Ann.

¡Hola! Yo soy Ann. Sí, sé que es una presentación nada formal, cambiando de voces entre párrafos y, ¿por qué no hacerlo así? Es probable que usted deba acostumbrarse a lo que no es formal, de lo cual trataremos más adelante.

Por ahora, sin embargo, solo quiero presentarme a mí misma e informarle que, además de Dave, también participo en lo que dicen estas páginas que tiene en frente. Pero lo que usted está experimentando en este momento es lo que sucederá periódicamente en todo este libro. Dave y yo, unas veces, le contaremos episodios y nociones como individuos y, otras veces, decidiremos incluirnos los dos y hablar como «nosotros»... una metáfora, tal vez predecible, y sin embargo prístinamente perfecta, para «dos» que llegan a ser «uno» en el matrimonio.

De hecho, simplemente para practicar, observe como Dave y yo mágicamente nos convertimos en «nosotros» en el próximo párrafo en tres... dos... uno...

Cuando dos se convierten en uno

Y aquí estamos. Nosotros. La transición fue indolora, ¿verdad? Qué bien. Solo desearíamos que la fusión de dos vidas en matrimonio también fuera sin dolor. Quizás usted creyó que así iba a ser. Y tal vez, cualquiera sea la etapa en que su matrimonio esté, desde recién casados a muy experimentados, todavía sienta que es bastante indolora.

Tal vez.

Lo más probable, sin embargo, es que si usted califica en cualquier categoría cronológica que vaya más allá de las primeras dos semanas del matrimonio, su vida de casado no se sienta precisamente indolora. Eso no quiere decir necesariamente que su matrimonio esté en crisis; lo que significa es que su matrimonio es real.

Es probable que ustedes todavía no aúnen sus voces en un «nosotros» a la perfección, puesto que desconocen cómo se supone que debe funcionar eso de «nosotros». Tal vez *usted* se sienta que, de alguna manera, es la persona que está perdiendo en la relación. No está seguro de qué soltar ni a qué aferrarse. No sabe con certeza qué comentarios dejar pasar y por cuáles incomodarse. O tal vez el «nosotros» de ustedes marcha realmente bien, sin embargo quieren seguir creciendo en eso.

Quizás a estas alturas usted ya haya perdido la esperanza con su matrimonio. Si es franco, tal vez reconozca que ni siquiera puede conseguir que su cónyuge mire este libro con usted. Es probable que esté batallando simplemente por aguantar otro día. A usted, simplemente, queremos decirle que cualquiera sea el punto en que esté, y aunque le cueste creerlo, le comprendemos… nosotros también hemos estado allí.

Por eso, debido a que hemos estado allí, queremos pedirle que haga algo que tal vez le parezca imposible. En este preciso momento, ahora mismo, en vez de darse por vencido, ¿aguantará un poco más? Y mientras se aferra a la vida, ¿estaría dispuesto a pedirle a Dios que obre en *usted*? Sí, justamente *en usted*.

Seamos sinceros; es probable que ya haya descubierto que no puede cambiar a su cónyuge, de ninguna manera. Es horrible percatarse de ello, pero, confíe en nosotros; a todos nos ocurre y descubrirlo, en realidad, es algo muy bueno, aunque al principio duela. Así que, por ahora, ¿está dispuesto a permitir que Dios obre simplemente *en usted*?

En nuestro matrimonio, individualmente estábamos bastante desordenados, pero pensábamos que era culpa del otro. Le contaremos la historia completa más adelante, pero por ahora simplemente sepa que en los primeros seis meses de nuestro enlace, uno de nosotros miraba al otro y le decía: «¡Ojalá nunca me hubiera casado contigo!».

¡Ay!

Así que, sí, sabemos cómo se siente eso de vivir habiendo perdido la esperanza en su matrimonio. Sin embargo, cualquiera sea el escenario en que se encuentre, tenemos noticias para usted: aunque todavía estamos casados, no nos imaginamos todo en cuanto al matrimonio. Ni en sueños. Pero ahora que sabe esto, podemos decirle que estas son en realidad buenas noticias... en realidad, sí, son buenas noticias. ¿Por qué?

Porque nuestra misión *no* es componerle a usted ni a su matrimonio. Componer es algo que uno hace con una vasija rota o con los motores de automóviles que tienen desperfectos. Nuestra misión es contarle un secreto que revolucionará por completo tanto su vida particular como su matrimonio de una manera que ninguna cantidad de ingenio o sabiduría humana pudiera incluso empezar a ofrecer.

Esa es una promesa bastante grande, ¿lo cree?

En verdad, pero la decimos con firmeza porque nuestra confianza no descansa en nuestro propio conocimiento, sino más bien en lo que nos ha sido revelado una vez y continuamente con el correr de los años. Conforme nuestra cultura arruina matrimonios y separa familias, es evidente que no estamos equipados con las herramientas ni el conocimiento para hacer nuestros matrimonios saludables y duraderos. La mayoría acabamos simplemente aguantando, conformándonos con mucho menos de lo que soñamos en la vida... y de lo que *Dios* sueña con nosotros.

Así que *no* apuntamos a componerle a usted. A lo que *sí* apuntamos es a mostrarle y a decirle cómo somos profundamente defectuosos, igual que el resto de la gente. Prometemos ser francos —aunque sea doloroso— mientras destacamos algunas de las cosas que nos han sido señaladas en el camino. Mediante el relato de nuestros altibajos matrimoniales, planeamos contarle el elusivo secreto para hallar gozo y una transformación relacional que Dios, en su plena gracia, diseñó para que cada uno de nosotros disfrutemos.

Créame, es un secreto que parece que nadie más supiera. Hemos hablado con miles de parejas con el paso de los años en nuestras conferencias conyugales, y virtualmente nadie parece saber la verdad más importante que puede transformar su matrimonio. ¡Nosotros tampoco la sabíamos! Pero permítanos adelantarle algo: el secreto de un gran matrimonio es *ir a lo vertical,* invitando a Dios a sus peores conflictos y dilemas insolubles.

En ciertos capítulos nos alternaremos entre los dos, pero en otros (lo cual advertiremos con suficiente tiempo), volveremos y hablaremos juntos como «nosotros». ¿Por qué? Para que, quienes quiera que sean, ustedes puedan experimentar una perspectiva tanto masculina como femenina de los retos y aventuras que todos enfrentamos en el matrimonio... y por el gran secreto del matrimonio vertical, esperamos que ustedes también desarrollen esa clase de «nosotros» que es el propósito de Dios para su matrimonio.

Esperamos recorrer la jornada con usted pero, volvamos a nuestro periódicamente programado Dave, que está a punto de contarnos lo que pasó en una fecha memorable...

Nuestro décimo aniversario

Yo (Dave) pensaba que nuestro décimo aniversario sería una de las noches más célebres de mi vida; bueno... en realidad, de *nuestras* vidas. Para entonces, Ann y yo habíamos edificado juntos una vida asombrosa. Hicimos nuestros votos en Ohio y nos mudamos a la Universidad de Nebraska, en donde en 1980 llegué a ser capellán de los equipos deportivos universitarios Cornhuskers. Después de dos años allí, decidimos buscar más capacitación para una vida ministerial juntos. Así que nos dirigimos al oeste, a California, para asistir al seminario.

Tres años después, obtuve una maestría en divinidad, pero lo más importante fue que Ann quedó encinta de nuestro primer hijo. Nos mudamos a Detroit, donde tuve la bendición —no solo de tener otros dos hijos, sino también la oportunidad— de llegar a ser el capellán más joven de la NFL (Liga Nacional de Fútbol estadounidense, por sus siglas en inglés), con el equipo Detroit Lions. Fue allí en donde también conocí a Steve Andrews y empezamos a soñar con empezar juntos una iglesia. En aquel momento parecía que la vida no podía ser mejor.

¿Qué podría salir mal?

Pasemos al 24 de mayo de 1990. Era nuestro décimo aniversario y estuve planeando esa noche por meses. La marca de diez años obviamente es un gran logro, así que decidí celebrar a lo grande. Eso significaba hacer una reservación en un restaurante *de lujo* en la zona *de lujo* de Detroit en una calle *de lujo*; y todo a precio *de lujo*. A esas alturas, ya teníamos dos hijos saludables y felices. Pero esa noche, íbamos a ser solo nosotros dos, y yo sabía que iba ser una noche inolvidable.

Gastar mucho dinero en una salida es gran cosa para mí, puesto que soy muy conocido por tacaño; en realidad, me gusta tener mis billetes en un rollo apretadito, bonito; ¡y no abrirlo nunca! Un amigo mío dice que se necesitaría una cizalla gigantesca para abrirme la billetera. Pero esa noche, esa cizalla no pudo evitar que gastara no solo un poco; no; en realidad gasté todo un rollo de billetes.

Quería que Ann recordara que casarse conmigo fue la mejor decisión de su vida.

Cuando al fin llegó la noche del viernes, nos pusimos nuestros mejores trajes y nos dirigimos al restaurante. Yo había hecho arreglos con un mesero para que nos trajera diez rosas a nuestra mesa en momentos estratégicos durante toda la cena. Cada rosa representaba un año de nuestro matrimonio. Así que nos acomodamos y ordenamos un aperitivo. Le hice un «guiño» al mesero y él puso la rosa número uno sobre el mantel. Nos contamos recuerdos de nuestro primer año de matrimonio.

Podría decir que mi romance con Ann andaba de maravillas. Ella parecía muy entusiasmada «hablando» en cuanto a nuestra relación. Todo hombre sabe que las mujeres no simplemente hablan. Los hombres hablan, pero a las mujeres les encanta «hablar»; contar detalles, sentimientos, y cualquier otra cosa que quieran relatar y que los hombres muy rara vez hablan de modo voluntario. Pues bien, esa noche estábamos «hablando» y Ann estaba encantada. Y si a Ann le encantaba, eso quería decir que yo estaba anotando puntos. Puntos en serio que, sin ninguna duda, pagarían más adelante, sí, usted me entiende.

Después de diez minutos o algo así de reminiscencia en cuanto al primer año, le hice al mesero otro «guiño» y trajo la segunda rosa. Yo sabía que le estaba dando a aquel universitario una lección real de cómo embelesar a una mujer. Vamos, casi esperaba que él *me* diera la propina.

La cena no podía haber salido mejor. Revivimos los mejores momentos de cada uno de nuestros diez años juntos, y todo durante el curso de una comida asombrosa. Para después de la cena, yo había planeado otra sorpresa.

Puesto que estábamos a punto de embarcarnos en el sueño de toda una vida al ayudar a iniciar una iglesia que empezaría en apenas pocos meses, conduje al estacionamiento de un colegio de enseñanza media en donde nuestra iglesia empezaría pronto a reunirse. Ann todavía no había visto esa edificación, así que pensé que sería muy bueno estacionarme en aquel terreno y orar juntos para que Dios obrara el milagro allí mismo, en ese lugar; y que convertiría aquel colegio municipal en una iglesia vibrante.

Sin embargo, para ser completamente franco, estacionarme para orar no era lo único que planeaba. También pensé que sería bastante encantador si simplemente pudiéramos «estacionarnos»... si usted sabe lo que quiero decir. Y yo estaba seguro de que Ann estaría de acuerdo.

Ese fue probablemente uno de los momentos de oración más breves que jamás haya dirigido. Después del «amén», era tiempo para la tan esperada porción extracurricular de nuestra noche. Después de todo, esa salida en verdad tenía todas las características de lo que toda mujer anhela:

1. Nos habíamos mirado el uno al otro a los ojos...
2. durante una comida asombrosa...
3. en un restaurante de lujo...
4. con una conversación romántica y mucho que «hablar»...
5. acerca de lo maravilloso que había sido nuestro matrimonio.

¿Qué podría salir mal?

Cuando me incliné para besar a Ann, ella volteó la cabeza para evadirme. Al principio, supuse que de alguna manera ella —inocentemente— no había reconocido que yo estaba haciendo mi movida. Así que lo intenté de nuevo. Pero esta vez, fue muy claro que ella estaba evadiendo mi beso. Quedé perplejo; tanto que hice lo que todo hombre detesta hacer, haciéndole las preguntas que todo hombre detesta preguntar:

—¿Anda algo mal?

—No —respondió ella.

Uhm. Después de diez años de matrimonio, yo había aprendido una cosa o dos en cuanto a cómo leer señales no verbales. Ella estaba diciendo que nada andaba mal y, sin embargo, su tono y su postura estaban diciendo algo totalmente diferente. Así que respiré hondo y pregunté de nuevo.

—Parece que en realidad no quieres besarme. ¿Estás segura de que nada anda mal?

Su mirada estaba alarmantemente vacía. Después de una larga pausa, al fin musitó:

—Pues bien, en realidad *hay* algo que anda mal...

Esperé en completo silencio. Yo creía que estaba haciéndolo bastante bien como esposo y padre. Quiero decir, yo predicaba sobre eso. Sabía lo que la Biblia dice en cuanto al matrimonio. Yo no era perfecto, pero pensaba que estaba poniendo en práctica lo que predicaba. Teníamos un gran matrimonio, yo lo conceptuaba a la par de cualquier otro. De hecho, si me hubieran pedido que calificara mi matrimonio en una escala de uno a diez, lo habría calificado con un diez... y, si no un diez, un 9,8. Y lo más alocado es que yo hubiera garantizado que mi esposa habría concordado.

Yo no lo sabía en ese instante, pero un momento que cambiaría para siempre nuestras vidas estaba directamente frente a nosotros. Ann dijo estas palabras inolvidables; el ladrillazo que nunca vi venir.

—Pues bien, para ser completamente sincera, he perdido mis sentimientos por ti.

Capítulo 2

«HE PERDIDO MIS

sentimientos por ti»

Cuando era adolescente soñaba con hallar, enamorarme y disfrutar para siempre de mi pareja perfecta. Así que cuando conocí a Dave Wilson, confié en que todos mis sueños se harían realidad. En verdad, permítame decirlo mejor: había conocido a Dave por años. La primera vez que hablamos, pensé que era el tipo más engreído y arrogante, que jamás había conocido. ¡Parecía estar lo más distante posible del hombre de mis sueños!

Como ve, allá en nuestra ciudad, Dave era «el hombre». Era mariscal de campo del equipo estatal de la secundaria, piloto y campo corto de buena presencia, cabello rizado y tenía una personalidad dinámica; todo lo cual se me fue directo a la cabeza. Mi papá era su entrenador en la secundaria, pero yo *no* iba a ser una de las muchas chicas que se rendían a sus modales tentadores.

Aun cuando *era* terriblemente guapo.

Después que Dave se fue a la universidad con una beca deportiva, básicamente perdí contacto con él. Nuestra única conexión fue mediante los artículos de periódicos que a veces leía en cuanto a su éxito en la cancha. Pero durante mi último año de secundaria, me tropecé con él cuando volvía a casa en el receso de invierno.

Se rumoraba que Dave se había convertido en cristiano en la universidad, pero yo no creía nada de eso. Allá en nuestra ciudad, a Dave todavía se le conocía como un mujeriego que, por lo general, conseguía lo que se le antojara. Así que cuando lo vi lanzando el balón al canasto en el gimnasio de nuestra secundaria, me dirigí directo a él y le dije: «¿Así que te has hecho cristiano?», mi sonrisa y mi tono burlón evidenciaban que no creía ni media palabra de eso.

Cuando Dave me contestó, capté que era una persona completamente diferente. Su petulancia y egocentrismo habían desaparecido. Después de apenas poco tiempo de seguir a Jesús, el cambio en él era nada menos que impresionante. Cosa que no vi venir. Su relación con Jesús era a la vez real y contagiosa; y rápidamente me sentí atraída a él.

A poco de eso rompí con mi novio (algo de lo que Dave todavía presume) y empecé a salir con Dave. Ese fue el primer noviazgo que él o yo habíamos tenido en el que Jesús era el cimiento. Jesús determinó toda la diferencia del mundo. Con cualquier otro chico, me preocuparía a dónde se dirigiría la relación. Pero con Jesús en el centro, el estrés y la ansiedad desaparecieron. Cristo tenía el control, yo sabía que se podía confiar en que Él nos dirigiría.

Dave y yo nos enamoramos perdidamente uno del otro, y de Jesús al mismo tiempo. Todos los otros noviazgos me alejaban de Jesús, pero este me atrajo más a Él. Así que, cuando me comprometí para casarme, pensar en recorrer el pasillo para intercambiar los votos con Dave Wilson era literalmente lo más emocionante que jamás podría imaginar. Mi expectativa juvenil era como una cámara de películas en mi cabeza, proyectando brillantemente en la pantalla de mi mente imágenes eufóricas. Apenas podía imaginarme qué clase de bienaventuranza iba a abrumarme cuando finalmente dijera «Sí, acepto». Apenas podía imaginarme cómo iba a ser Dave como esposo; después de todo, él era el hombre más consagrado que jamás había conocido. Simplemente sabía que él me iba a dirigir espiritualmente, y eso para no mencionar que era el joven más varonil de todos.

El premio gordo.

Yo flotaba en una nube de bienaventuranza; una que pensé que duraría para siempre. Una de las partes más emocionantes de toda la expectativa era lo que planeábamos hacer juntos en el ministerio. Teníamos una visión, un deseo de que Dios hiciera algo extraordinario por medio de nosotros. Así que no mucho después de que nuestro matrimonio comenzara, ese sueño ministerial también empezó a convertirse en realidad.

Sin embargo, ¿ha estado alguna vez en un cine cuando el proyector de repente se detiene? Para mí, cuando la película de mis expectativas con el matrimonio empezó a deshacerse, también lo hizo todo mi mundo.

La nube de felicidad en la que había flotado se convirtió en una neblina densa e implacable; y no podía escapar de ella. Conforme avanzábamos más, nuestro matrimonio parecía significar menos. Eso ya no era el sueño anhelado; era la realidad, y se estaba convirtiendo en una realidad cada vez más difícil. El sueño que se estaba convirtiendo en realidad no era el que yo había concebido.

Lo que yo pensaba que serían encantadores hitos por los que pasaríamos juntos, más bien se convirtieron en montones de horribles ladrillos viejos que nos impedían el avance. Dave dijo que no vio ninguno de esos ladrillos dirigiéndose hacia él cuando se cayó de la pared, pero a mí no me eran extraños. En algún punto en el camino, empecé a recogerlos uno por uno, hasta que llenaron la mochila que a diario arrastraba.

«¿Vas a salir *de nuevo*?».

A esas alturas, Dave estaba trabajando en dos o tres empleos a la vez. Estaba esforzándose mucho, tratando de ser padre, esposo y plantador de iglesias. Estaba dirigiendo estudios bíblicos a diestra y siniestra. Estas eran las cosas *buenas* que yo respaldaba; ¿qué tipo de persona no lo haría? Y cuando surgió la capellanía de los Detroit Lions, ninguno de nosotros pudo dudar que era una *gran* oportunidad para él.

Pero la temporada de la NFL no se brinda para un calendario familiar cómodo. Cuando no estaba reuniéndose con los jugadores y sus familias, o dirigiendo devocionales, estaba de viaje con el equipo. Estaba fuera más y más tiempo... y nosotros hablando menos y menos. Y eso para no mencionar que teníamos en casa tres muchachos que lo necesitaban.

Y *yo* también lo necesitaba.

Yo decía cosas como: «Cariño, tienes que estar aquí. Los muchachos están creciendo. Te necesito. Los muchachos te necesitan. Anhelo pasar tiempo contigo».

«Lo sé», decía él. Pero después de un rato, me cuestionaba si en realidad lo sabía. Yo sabía que tenía el mejor deseo de cumplir todas sus buenas intenciones, pero no había manera en que pudiera hacerlo todo. Justo cuando yo pensaba que había puesto a su familia primero aunque fuera por una noche, él se dirigía a la puerta.

—Espera, ¿vas a salir de nuevo esta noche?

—Así es, tengo una reunión, y tengo que ir y hablar con una gente.

Esta conversación sucedió miles de veces. Noche tras noche, esta clase de conversaciones se convirtieron en meses; meses que pasaron a ser años.

—No importa, Dave. Perfecto, yo misma haré que los chicos vayan a la cama, *de nuevo*. Esto es grandioso, cariño. Te veo.

Si usted me hubiera pedido que calificara mi matrimonio en una escala de uno a diez, le habría dicho que estábamos en uno... o tal vez algo más parecido a un cero coma cinco. Puedo afirmar que Dave no tenía ni la menor idea de eso, lo cual, por supuesto, hacía que me enfureciera más, ya que francamente ¿cómo puede desconocer lo mal que nos estaba yendo?

Frente a mi realidad

Esa fue mi realidad, unas veces más, otras menos; hasta que, antes que lo notara, habían pasado diez años. Y luego, de la nada, de repente Dave quiso hacer un gran revuelo por nuestro décimo aniversario. Me llevó a un restaurante muy lindo... lo que hizo que me preguntara si tenía algún cupón de descuento. Después que nos sentamos y el mesero empezó a traernos rosas a la mesa, creí que Dave estaba pensando que estaba bateando un jonrón. Empezó a derramar su amor por los diez años que habíamos pasado juntos, incluso tuve que admitir que estaba siendo muy dulce. Era como un muchachito esa noche, mientras seguía esperando que sucediera lo próximo que había planeado; podía decir que incluso había planeado lo que diría cuando llegara cada rosa.

Fue una cena encantadora, pero no se necesita ser científico espacial para figurarse la próxima parte de su plan; ah, la trillada maniobra del estacionamiento. *Genial, Dave... realmente genial.* Yo conocía a Dave Wilson y sabía que ese era su motivo ulterior para su «tiempo de oración en el estacionamiento».

Toleré la cena y todo su planeado desfile de rosas, pero eso de tener intimidad y de ser apasionada, o espontánea con él, en el estacionamiento del colegio era simplemente más de lo que podía aguantar en aquel momento. Me lanzó «esa» mirada característica y yo traté de ignorarla, pero a la larga hizo su jugada en dirección a mí.

Así que pensé: *¡Qué asco!, ni siquiera puedo... no puedo.*

Él pareció aturdirse por mi falta de afecto, lo que me aturdió también a mí. Yo no estaba tratando de lastimarlo, pero dentro de mí no me quedaba lugar donde esconderme. Usted tal vez piense que debí haber echado mano de alguna manera, de algún tipo, de valor para decir lo que dije después, pero tristemente, las palabras salieron con facilidad. Estos eran hechos fríos. Ladrillos que yo había estado cargando en mi corazón por años. Ya no podía seguir arrastrándolos. Ahora era el turno de que él sintiera el peso de todo aquello, lo supiera o no.

—He perdido mis sentimientos por ti.

Allí está. Al fin lo dije. Quisiera que las palabras me hubieran deshecho en lágrimas, pero no fue así. La mirada en su rostro reflejaba un aturdimiento absoluto. Él acababa de planear esa noche romántica

y, en vez de eso, estaba viéndose frente a frente a la realidad; *mi*
realidad. Yo sabía que mis palabras lo aniquilarían, pero estaba en
un punto en el cual no sabía qué otra cosa decir.

Me pidió que le explicara lo que quería decir, así que dije: «Siento
como que nunca estás en casa. Siento como que no estás comprometido conmigo. Siento como que no estás comprometido con los
muchachos».

Las compuertas del aluvión se habían abierto. Le conté que, al
principio, en realidad me enfurecía. Después, llegué a amargarme.
Luego esa amargura se convirtió en resentimiento. Pasado un tiempo,
ya ni siquiera me importaba que él estuviera ausente. Ese fue el último
ladrillo; y francamente ya ni me importaba que se la pasara de viaje.

Yo también abandoné. Me rendí. Estaba sola en esto y, ahora,
consciente de que se lo había dicho, eso sería el principio del fin de
nuestro matrimonio. Esperé su respuesta, pero no dijo nada. ¿Qué
se podía decir? Lo hecho, hecho estaba.

No recuerdo cuánto tiempo nos quedamos sentados en silencio,
mientras esperaba su respuesta; pero, en lugar de eso, Dave hizo
algo de lo más estrafalario: «Cariño, simplemente tengo que hacer
algo primero».

*¿Hacer algo? ¿De qué estaba hablando? ¿Estaba a punto de irse
a alguna parte?*

La voz de Dios

Cuando Ann pronunció las palabras con las que me dijo que ya no
sentía nada por mí, literalmente no tenía ni idea de qué estaba hablando. ¿De dónde venía eso? Habíamos tenido una noche extraordinaria.
Yo pensaba que nuestro matrimonio era casi perfecto… y ella creía
que casi se estaba acabando.

Cuando empezó a sincerarse conmigo, lo primero que pensé fue
ponerme a la defensiva. Yo sabía que podía demostrarle que estaba
equivocada y que, en verdad, yo estaba en casa más de lo que ella
reconocía. Quería demostrarle que ella y los muchachos eran mi

primera prioridad. Aunque usted no lo crea, empecé a extender la mano hacia el asiento trasero para sacar mi agenda semanal a fin de mostrarle en mi calendario escrito que la percepción que tenía de mí ni siquiera se acercaba a la verdad. De paso, esa búsqueda de evidencia era la forma en que regularmente discutía con Ann en esos días; tratando de comprobar mi punto, en vez de escuchar el de ella.

Mientras seguí intentando agarrar la agenda, oí una voz que me dijo: *¡Ni siquiera se te ocurra agarrarla! Cierra el pico y escucha*. Ahora bien, no oí una voz audible de Dios, pero el impulso del Espíritu Santo en ese momento fue fuerte y firme. En realidad, fue más un empujón que un impulso.

Así que simplemente me quedé sentado escuchando.

Mientras Ann me contaba todo lo que sentía, empecé a darme cuenta de cuán desordenado era en realidad mi itinerario. Así que empecé no solo a escuchar, sino también a oír, en realidad, lo que ella estaba diciendo; y eso hizo que mi corazón dejara de estar a la defensiva y sintiera la profunda —y oscura— realidad de que todo era cierto. Todo.

Mientras ella continuaba —y créame, no la interrumpí ni una sola vez— volví a sentir que Dios me estaba hablando. En realidad, fue un momento casi místico. Pude oír todo lo que Ann me estaba diciendo y, al mismo tiempo, pude oír la voz de Dios. Me dijo solo una palabra.

Arrepiéntete.

Cuando Dios me dijo que me arrepintiera, supe exactamente lo que me quiso decir. Yo no estaba cometiendo un pecado inmoral ni traicionando descaradamente mis votos matrimoniales. El llamado de Dios en ese momento fue muy claro: estaba llamándome a que volviera a mi primer amor. Que volviera a la intimidad *con Él* que tuve previamente, pero que ya no estaba viviendo.

Estaba tan atareado en ese tiempo que no podía recordar la última vez en que me había quedado simplemente sentado con Dios y amándole, ni podía recordar la última vez que había pasado tiempo con la Palabra de Dios, simplemente permitiéndole que me amara. Cada vez que acudí a la Biblia en el año anterior, había sido para preparar un sermón para predicar a otros. La mayoría de mis oraciones eran tipo «Ayúdame» mientras pasaba a la plataforma para exponer. Me había dejado consumir con mi trabajo y ya no estaba consumido con Dios. En una palabra, estaba tibio. Recuerdo haber crecido en la iglesia y detestado a los cristianos tibios; y haber prometido no llegar nunca a ser uno de ellos.

Y ahora, era uno de ellos.

En ese momento —que parecía ser el más oscuro de nuestro matrimonio— el sencillo secreto que estamos a punto de conocer juntos en las páginas de este libro empezó a revelarse en mi corazón. Con esa palabra —*arrepiéntete*— supe que Dios estaba diciéndome que la única manera en que la relación humana «horizontal» entre Ann como esposa y yo, como esposo, podía marchar bien era si mi relación «vertical» con Él era correcta. Ambas son importantes para Dios, pero el orden es importante... quiero decir, *en realidad* cuenta.

Lo «vertical» *siempre* viene primero.

Así que cuando Ann terminó de sincerarse conmigo, le dije que antes que pudiera responderle, debía hacer algo y tenía que hacerlo «allí mismo. En ese momento».

Yo sabía que antes que pudiera contestarle, tenía que responder a lo que Dios estaba diciendo. Al fin estaba listo para alinear apropiadamente las dos cosas. Sentí que necesitaba orar —y de rodillas, de paso— porque quería que mi postura reflejara la seriedad de esa rendición.

Así que eso fue lo que hice. Me arrodillé en el asiento del conductor de ese pequeño automóvil, lo que no es muy fácil hacer porque el volante me oprimía la espalda. Pero tenía que hacerlo. Y entonces oré... en voz alta. «Dios, me arrepiento. Estoy tibio y no estoy plenamente rendido a ti. Yo quiero ser el esposo, el padre y el hombre que me has llamado a ser. Nunca lo seré sin ti ni sin tu poder. Te entrego de nuevo mi vida y mi matrimonio».

En el piso

Dave se iba a ir alguna parte, era cierto... pero no a una que yo esperara. El momento que debió haber sido el inicio del fin de nuestro matrimonio fue más bien el principio de un nuevo comienzo. Ni siquiera sé cómo lo hizo. De alguna manera se volteó en el automóvil y se arrodilló sobre el piso, con el volante a su espalda. Quedé sin habla. Entonces empezó a orar en voz alta, arrepintiéndose de estar demasiado atareado y de ser tibio; suplicando a Dios que le ayudará a llegar a ser el esposo y padre que se suponía que debía ser, y no el hipócrita en que se había convertido.

El hecho de que plantara sus rodillas en el piso me dejó boquiabierta. Simplemente me quedé sentada mirándolo, casi sin poder creer lo que estaba viendo. Fue allí que me di cuenta de que mi corazón también se había convertido en un ladrillo dentro de mí; pero en ese momento, empezó a romperse. Mientras él oraba, de repente pude oír a Dios susurrando con delicadeza a mi alma: *Ann Wilson, has estado tratando de obtener la felicidad de tu esposo, pero no lo hice para eso. Nunca lo equipé para que supliera todas tus necesidades. Yo soy el único que puede suplirlas.*

No podía creer a mis oídos espirituales, pero el mensaje era innegablemente claro. Yo no había estado dispuesta ni a besar al que por diez años había sido mi esposo, pero cuando las palabras de Dios resonaron en mi corazón, estuve más que dispuesta para hacer algo aun más alocado: me di la vuelta y me arrodillé con Dave. Para mí, ese también fue un momento de arrepentimiento.

Así que ore: «Jesús, yo también quiero rendirme toda a ti. Me he dado cuenta esta noche de que he estado tratando de hallar mi vida en Dave. He estado tratando de conseguir de él lo que solo tú —y solo tú— puedes proveerme. He estado creyendo que si Dave fuera un mejor esposo, *entonces* podría ser verdaderamente feliz. Y eso es mentira. Tú eres mi verdadera fuente de gozo. Te escojo a ti de nuevo esta noche como mi vida. Toma mi ser, nuestro matrimonio, y haz grandes cosas en y por medio de nosotros».

Incluya lo vertical

Es un episodio extravagante, lo sabemos. Pero esa experiencia es la razón por la que usted está leyendo estas palabras; la misma nos reveló el primer aspecto del secreto de un matrimonio saludable y santo. Esa noche empezamos a reemplazar los ladrillos de amargura y egoísmo que habíamos estado arrastrando por tanto tiempo. Fue un momento de despertamiento espiritual para ambos. Le pedimos a Dios que viniera, que nos sanara y que nos diera sabiduría para saber cómo avanzar desde ese momento y, en verdad, que simplemente cambiará nuestros corazones.

Y lo más alocado de todo es que hizo todo lo que le pedimos.

Al recordarlo unos veinte años más tarde, podemos decirle que ese momento de arrepentimiento lo cambió todo... y queremos decir *todo*. El secreto que habíamos pasado por alto la primera década de nuestro matrimonio empezó a convertirse en nuestra nueva realidad; por eso oramos que esto empiece una nueva realidad para usted, igualmente.

No lo descarte como demasiado simplista, las verdades fundamentales de Dios casi siempre son bastante sencillas, puesto que están entretejidas en la trama misma de la creación. Cuando al fin se tropiece con uno o más de los profundamente divinos principios de la gracia, casi siempre halla que le parecen familiares; como un par de guantes que se ajustan a la perfección. Antes de encontrarlos, usted se imagina que las manos se le van a congelar y, por supuesto, no está satisfecho. Pero entonces cuando una verdad fresca de la gracia de Dios se asoma a la vida de uno, simplemente encaja como... como los guantes pues, usted sabe.

Dios le da exactamente lo que usted nunca supo que siempre necesitó.

El secreto empieza con darse cuenta de que un matrimonio puramente horizontal simplemente no da buenos resultados. No hay vida, ni poder por nosotros mismos. Al añadir lo vertical se crea *espacio*, literalmente, para que ambos no solo sobrevivan al matrimonio, sino también para que se realicen como personas casadas. Pero sin lo vertical —sin Dios en primer lugar— buscamos vida donde no la hay... donde no hay gracia de lo alto que cree espacio para el crecimiento, el perdón y el movimiento.

Nos percatamos de que aun cuando fuéramos maravillosos como personas, en realidad éramos pésimos dioses. Yo (Dave) estaba tratando de hallar vida y felicidad mediante mis logros, en tanto que yo (Ann) intentaba hallar mi satisfacción en el hecho de que Dave fuera el esposo que siempre soñé. En ambos casos, ningún ser humano puede darnos lo que solo Dios posee.

C. S. Lewis escribió: «Si encuentro en mí mismo un deseo que nada de este mundo puede satisfacer, la explicación más probable es que fui hecho para otro mundo».* ¿Se podría decir mejor? Lo que usted y yo estamos buscando no se puede hallar en lo horizontal. No se puede hallar en ningún otro ser humano ni en ninguna otra parte en este planeta.

Sí, usted sabe que eso es verdad en teoría; y nosotros también lo supimos antes que fuéramos a ese estacionamiento. Pero el hecho de que se nos estaba «acabando el espacio» demostró que nuestro conocimiento intelectual no cuadraba con la experiencia de nuestro corazón.

Se requirió un milagro vertical para cambiar nuestro caos horizontal.

Como ve, después de pastorear por años y viajar por el país hablando con parejas en cuanto al matrimonio, hemos hallado que no estamos solos. La mayoría de las personas piensan que el matrimonio nos dará satisfacción y realización. Esta promesa es reforzada constantemente en la cultura, tanto cristiana como tradicional. Simplemente considere uno de los parlamentos más famosos en toda la cultura popular de la película *Jerry Maguire*.

Sí, apostamos a que lo sabe.

---

* C. S. Lewis, *Mero cristianismo* (Madrid: Ediciones Rialp, 2014), p. 148.

Sin embargo, solo para refrescarle la memoria, imagínese a Tom Cruise en la sala de la casa de Renée Zellweger mientras su club de libros comenta interminablemente acerca de su última selección. Jerry Maguire (Cruise) entra después de pactar el más grande negocio de su carrera profesional y le revela a Dorothy (Zellweger) simplemente cuán vacío se siente sin ella. Entonces viene la gloriosa frase: «Tú eres mi todo, me completas». Es un momento histórico en el mundo de las películas femeninas, la culminación perfecta que se desvanece con bastante rapidez en los créditos finales. Romántico. Poético. Conmovedor.

Ah, pero es mentira.

¿Sabe por qué nunca hubo una secuela de la película de *Jerry Maguire*? ¡Porque Dorothy nunca podría haber completado a Jerry! Ella pudo haber dicho: «Me cautivaste con el *hola*», pero probablemente hubiera tenido que decirle *adiós* después de unos pocos años de estar casada con ese sujeto, no importa cuán bien parecido o hábil en palabras pudiera él haber sido. Él esperaba de ella lo que nadie puede dar.

Usted no puede completar a su cónyuge... ni su cónyuge a usted. No hay secuela a este enfoque del matrimonio. Como el nuestro, el suyo rápidamente se disolverá al dar los créditos, sea en un matrimonio decepcionado o en un divorcio que nunca planeó. Si usted trata de hallar verdadera felicidad y gozo en el matrimonio horizontal, se le acabará el espacio. Como otros miles, usted concluirá que se casó con la persona equivocada; y que si se hubiera casado con la persona correcta, *entonces* sería feliz... realmente feliz.

Eso es mentira.

Sí, usted puede casarse con la persona errada. Sin embargo, si está buscando una persona que llene un vacío divino, entonces, adivine: *todo* individuo es la persona errada. Sin embargo, cuando lo vertical entra en el matrimonio la unión ya no estará condicionada por las limitaciones de sus dos participantes horizontales.

No se equivoque; el matrimonio puede ser nada menos que espectacular. Al acercarnos a nuestra cuarta década de matrimonio, en verdad, no podemos imaginarnos algo mejor. Pero después de unos cuantos ladrillazos en la cabeza, aprendimos en aquel piso del automóvil que ninguno de los dos era suficiente para llenar el vacío que ambos sentíamos; pero ¡qué libertad sentimos cuando nos dimos cuenta de eso!

Nuestra felicidad *no* se debe a que encontremos vida en el otro. Ambos hemos descubierto que la vida y el gozo verdaderos solo se hallan en... Jesús. Y, sí, aunque ambos sabíamos eso en teoría, cuando verdaderamente introdujimos la gracia de Jesús en nuestro matrimonio —como ese par de guantes que abrigan—, la frialdad de lo horizontal se disipó para siempre. ¿Por qué? Porque cuando Él es la fuente de vida, cada uno de ustedes puede convertirse en dador en su matrimonio y no ser simplemente sanguijuelas tratando siempre de sacarle uno al otro lo que ninguno de los dos está preparado para dar.

Si llegó al punto en su matrimonio en que tiene que ser sincero con su cónyuge y decirle algo como: «He perdido mis sentimientos por ti», por favor deténgase y eleve una oración. Dios casi siempre usa nuestras desilusiones y desencantos para que nos tornemos a Él. Tal vez sea el momento de dejar los intentos por hallar verdadera vida en cualquier otra parte que no sea su fuente real.

Hoy es el día para que usted descienda (incluso al piso) a fin de que pueda clamar a aquel que es más alto... el Único que es vertical. Créanos, cuando al fin ponga esa relación vertical con Dios en la ecuación, usted estará en capacidad de recibir su ayuda para que las relaciones horizontales también sean saludables.

Pruébelo; inténtelo ahora mismo. En serio, adelante y póngase de rodillas en este instante y pídale ayuda a Dios. A Él le encanta este tipo de oración y se está moviendo para ayudarle ipso facto. No pierda la oportunidad. Luego, avancemos juntos para descubrir simplemente cómo se ve un matrimonio vertical.*

---

* Ver: www.daveandannwilson.com/videostory.

Capítulo 3

SORPRESA EN LA SUITE
de la luna de miel

¡Qué día! El día que toda chica sueña se acercaba...

Sí, era el día de mi (Ann) boda.

Fue todo lo que había esperado que fuera. Con eso, en realidad no quiero decir que tuve el vestido perfecto, las flores perfectas o la recepción perfecta. Fue un día perfecto porque estaba ante Dios y el mejor de mis amigos para pronunciar votos que durarían toda una vida. Sentí la presencia de Dios mientras nos tomábamos las manos y nos mirábamos a los ojos. Y yo, en verdad, estaba convencida de que era un buen comienzo que aseguraría una marcha rauda en los años por venir.

Después de la boda manejamos a Columbus, Ohio, en donde pasamos las primeras dos noches de nuestra aventura de dos semanas. Me sentía bienaventurada, feliz y honrada; acababa de tener el privilegio de casarme con el hombre de mis sueños.

Completamos esa encantadora hora y media de recorrido, llegamos a la entrada del Hilton y le entregamos las llaves del auto a la persona que lo estacionó. Quisiera haber podido ser cualquiera de los presentes allí que nos observaba mientras alegremente nos acercamos al mostrador de la recepción. Todavía llevaba mi vestido de boda y Dave lucía su elegante esmoquin.

Tuvimos un noviazgo de nueve meses. Puede que no parezca mucho tiempo, pero para nosotros fue una eternidad. Como ve, queríamos que nuestra relación se centrara en Dios, y estábamos dispuestos a hacer lo que Él quisiera, lo que significó que habíamos decidido permanecer físicamente puros en nuestra relación; ¡y créame que *no* fue fácil!

Estábamos listos para esa noche, por lo que no podíamos esperar a estar juntos. Estábamos risueños… pues bien, supongo que yo era la única que reía mientras subíamos por el ascensor. Sé que mis mejillas estaban sonrojadas, puesto que mi corazón latía muy rápido.

Simplemente esperaba que Dave pudiera quitarme ese bendito vestido.

Abrimos la puerta para contemplar la habitación más grande que jamás hayamos visto en la vida. Recorrimos la habitación asombrados; como por cinco minutos. Había cosas más apremiantes que atender.

Dave me tomó en sus brazos y nos dimos un largo y muy esperado beso, sin restricciones, uno que ahora estaba completamente permitido entre esposo y esposa. Entonces Dave, de alguna manera, me quitó el vestido… pero le hice esperar un poquito más, para ducharme después de un largo día.

Me envolví en la ropa íntima nupcial que había escogido meticulosamente y luego me puse encima la suntuosa bata de baño del hotel, simplemente para añadir un poco más de curiosidad. Dave se metió también a la ducha… por dos minutos. Salió, me tomó de la mano y me llevó a la cama.

Sin embargo, para mi sorpresa, en vez de lanzarme literalmente a la cama como yo esperaba, más bien me llevó hacia el borde de ella, me agarró la otra mano y volteó su rostro hacia mí. Bajó la vista tiernamente y me dijo: «Antes que nos acostemos, me encantaría que nos arrodillemos delante de Dios y le agradezcamos porque nos ha unido pero, más importante aun, que le ofrezcamos nuestras vidas juntos y nuestro matrimonio. ¿Te parece bien?».

¡A mí me pareció más que bien! No podía pensar en una mejor manera para empezar nuestras vidas juntos. Así que ahí estábamos, arrodillados envueltos en las batas blancas de baño del Hilton, una joven ingenua de diecinueve años y un joven no mucho más viejo de veintidós años. Dave continuó tomándome de la mano, con los dedos entrelazados con los míos, las cabezas inclinadas y tocándonos delicadamente nuestras frentes.

Una sensación de santidad envolvía nuestra velada, tal como había sucedido en la iglesia mientras pronunciábamos el uno al otro nuestros votos solemnes, pero esta vez era aun más personal. No había nadie más alrededor que oyera o presenciara; nadie, es decir, excepto nuestro Padre celestial que nos amaba.

Mi joven esposo empezó a orar: «Padre celestial, gracias por este día asombroso y por unirnos milagrosamente a Ann y a mí. No puedo creer que nos estés permitiendo vivir juntos. Te entrego mi vida y nuestro matrimonio. Te pedimos que nos uses para impactar este mundo con tus propósitos. Oramos que no solo nos des un *buen* matrimonio, ¡sino que te agrades en darnos un matrimonio *grandioso*!».

Yo concluí la oración con: «Oh, Señor, concuerdo con Dave. Tú has sido muy fiel y bueno con nosotros. Te entrego mi vida igualmente, junto con nuestro matrimonio. Haremos lo que quieras e iremos a donde quieras. Ayúdanos para que nuestro matrimonio sea luz para el mundo… y concuerdo con Dave, ¡ayúdanos no solo a tener un buen matrimonio, sino uno grandioso! En el nombre de Jesús pedimos esto. Amén».

Entonces empezaron los juegos pirotécnicos… bueno, por lo menos unos cuantos petardos.

No lo sabíamos entonces, pero la oración elevada en nuestra noche nupcial cambiaría el curso de nuestras vidas. Yo pensaba que garantizaría que los problemas tomarían un desvío y nos dejarían tranquilos. Pensaba que estar tan sometida a Dios al principio pavimentaría una senda a un romance libre de retos.

Sin embargo, como ya sabe, ir a lo vertical en nuestro primer día de matrimonio no nos eximió del fracaso, de los corazones rotos ni de las desilusiones. Pero elevar esa oración, en efecto, empezó un patrón para nosotros: que cada vez que llegáramos a un punto decisivo en nuestra relación, siempre caeríamos de rodillas y nos apoyaríamos en Alguien aparte de nosotros mismos para que sostuviera y fortaleciera nuestro matrimonio.

El matrimonio vertical no es algo que se haga de una vez por todas; al contrario, es una rendición diaria.

¿Que dijiste qué?

¡Qué bendición estar casados! Eso es lo que estábamos experimentando. Nuestra luna de miel no podía haber salido mejor. De hecho, el tiempo había volado mientras nos lanzábamos de cabeza a los placeres del matrimonio. Ahora quedaban solamente tres días hasta que tuviéramos que dejar New Hampshire y regresar a Ohio, a enfrentar la vida «real» juntos.

Sin embargo, en mi mente, ¿cuán mala podría ser la vida «real»? Tenía al hombre perfecto y guapo a mi lado, por tanto, ¿qué podría salir mal? Inicié mi parte en el matrimonio con una oración vertical, pero mi seguridad emocional todavía estaba firmemente establecida en el plano horizontal de la persona; y poco sabía que él no estaba —ni jamás podría estar— equipado para ser mi fuente de seguridad en esta vida.

Esa noche estaba profundamente dormida, cuando de repente me despertó alguien que me llamaba por mi nombre. Me aturdió tanto que me senté en la cama. Miré a Dave pensando que había pronunciado mi nombre, pero estaba profundamente dormido. Al mirar alrededor en la habitación percibí una sensación de calmada santidad. Es difícil de describirlo, pero de alguna manera sabía que Dios quería hablarme, así que me bajé de la cama con una mezcla de emociones entre asombro y reverencia. Las viejas tablas del piso de la cabaña crujían bajo mis pies mientras me arrodillaba sobre la desteñida alfombra.

Con las manos plegadas y la frente inclinada hasta mis rodillas dije en voz baja: «Aquí estoy, Señor».

Sin un segundo de demora, oí una voz fuerte, clara, en mi cabeza: «Ann, lee el libro de Santiago».

Eso fue todo. Nada más. La sensación de santidad se disipó mientras esperaba si había otra cosa. *Pero no. Nada. Ah. Pues bien, es extraño,* pensé mientras volvía a la cama y me acurrucaba junto a Dave. *¿Y a qué se debió todo eso?,* musité esperando volver a quedarme dormida. Como nueva creyente, no sabía a qué se refería el libro de Santiago, pero esperaba que incluyera algo en cuanto a que Dios hace que todos nuestros sueños se vuelvan realidad. Sí, ese fue mi último pensamiento antes de volver a quedarme dormida.

A la mañana siguiente dormí hasta tarde, preparé un nutritivo desayuno para mi nuevo esposo y salí al lugar en donde ambos leíamos la Biblia y pasábamos algún tiempo en oración. Al sentarnos en nuestras sillas que daban al encantador lago Winnisquam, le conté a Dave todo lo que me había sucedido durante la noche.

—Eso es algo medio extraño —dijo, tan perplejo como yo.

—¿De qué trata el libro de Santiago? —le pregunté. Ambos éramos bastante jóvenes en nuestra relación con Dios. Ninguno había crecido en hogares en donde se hablara mucho de los asuntos espirituales.

—No lo sé por completo, pero pienso que tiene algo que ver con atravesar dificultades.

Abrí mi Biblia y avancé hasta lo último, recordando que se hallaba en alguna parte hacia el fin.

—¡Lo encontré! —dije alegremente—. ¿Por qué no lo leemos en voz alta y luego lo comentamos? —sugerí.

Dave asintió con la cabeza, así que empecé, leyendo los primeros cinco versículos del primer capítulo de Santiago:

Santiago, siervo de Dios y del Señor Jesucristo, a las doce tribus que se hallan dispersas por el mundo: Saludos.

Hermanos míos, considérense muy dichosos cuando tengan que enfrentarse con diversas pruebas, pues ya saben que la prueba de su fe produce constancia. Y la constancia debe llevar a feliz término la obra, para que sean perfectos e íntegros, sin que les falte nada. Si a alguno de ustedes le falta sabiduría, pídasela a Dios, y él se la dará, pues Dios da a todos generosamente sin menospreciar a nadie.

Mi mente daba vueltas. *Espera, ¿qué? ¿Dónde está la parte que dice que si uno sigue a Jesús, nos hará sanos, felices y sabios? Es esto alguna clase de broma pesada. Dios, estoy en mi luna de miel, ¡por todos los cielos! Se supone que deberíamos estar leyendo acerca de haciendo el amor, ¡no de pruebas y tribulaciones!*

Dave y yo nos quedamos sentados en silencio por unos minutos.

—¿Por qué crees que Dios me despertó esta mañana para decirme que leyera un libro tan deprimente? —le pregunté a Dave.

—No tengo ni idea —replicó.

Todo aquello era simplemente demasiado pesado para ponderarlo en aquel soleado y espectacular día. Así que lo arrinconé en lo más recóndito de mi mente, esperando que no tendría que volver a sacarlo a la luz en ningún momento cercano.

El sacrificio de mi vida

Tres meses pasaron y las cosas marchaban bastante bien. La luna de miel quedó atrás y estábamos viviendo con *nuestros* padres (sí, lo leyó bien; no simplemente con *mis* padres o *sus* padres) en Ohio. Estábamos trabajando duro a fin de recaudar fondos para nuestro sostenimiento y poder reportarnos a la Universidad de Nebraska para unirnos al personal del ministerio paraeclesiástico Campus Crusade for Christ como sus nuevos representantes en el departamento deportivo Atletas en Acción. Recaudarlo no fue fácil, pero nos asombró ver cuánto dinero Dios ya estaba enviando a nuestra dirección; y estábamos agradecidos por las estupendas personas que estábamos conociendo en el camino. Pero sí, seguíamos viviendo con *nuestros* padres. Íbamos y regresábamos entre las casas de nuestros padres, dependiendo de las necesidades de cada semana.

Cierta semana, en particular, nos quedamos con la mamá de Dave: en la suite de luna de miel de Janiece, como ella la apodaba. Una noche, después que Dave y yo pasamos varias horas en la cama, se reprodujo el mismo escenario y con exactitud, tal como había sucedido en nuestra luna de miel.

«¡Ann!». Era la voz de nuevo, despertándome.

La misma atmósfera de santidad otra vez; la sensación de que Dios estaba presente y deseando hablarme. Sabía lo que tenía que hacer esta vez, así que calladamente retiré las frazadas y me arrodillé junto a la cama.

«Aquí estoy, Jesús. ¿Qué quieres decirme?», pregunté humillada con mi cabeza inclinada.

Tan claro como si alguien estuviera susurrándome directamente al oído, oí: «Ann, ¿estarías dispuesta a morir por mí?».

Podía captar que no era una broma. Sentí la pesadez del momento muy dentro del estómago. El temor empezó a surgir en mi pecho con rumbo a mi cabeza. Así que repetí lo que pensé que había oído. «¿Estaría dispuesta a morir por Jesús?».

«Señor», susurré perturbada, «¿estás preguntándome si moriría por ti literalmente?».

«Ann», oí otra vez, «¿estarías dispuesta a morir por mí?».

Me encantaría poder decirle a usted que mi respuesta fue sin egoísmo y hasta sagrada, pero sería mentirle. «Este, pues bien... no, Jesús, ¡no en este preciso instante! Solo tengo diecinueve años y acabo de casarme. ¡Tengo toda una vida por delante! ¿Cómo puedo tener hijos e impactar a este mundo si muero ahora?».

La pregunta se tornó un poco más específica. «¿Morirías por mí y sacrificarías tu vida a fin de que yo pueda hacer a Dave el hombre que anhelo?».

Esto estaba yendo demasiado lejos. Yo quería servir a Jesús; amarlo y decirles a todos lo que sabía acerca de Él, pero, ¿morir de alguna terrible enfermedad o en un fatal accidente automovilístico simplemente para que Dave Wilson pudiera convertirse en un sujeto santo y que Dios lo usara en maneras asombrosas? No gracias.

Entonces mi mente se adelantó en el tiempo. Me imaginé a Dave en mi funeral —llorando, quebrantado y devastado, todo mientras le daba a Jesús todo lo que tenía y convirtiéndose, con el tiempo, en un gran hombre —*sin* mí a su lado. ¿Estaba yo dispuesta a permitir que eso sucediera? La respuesta todavía fue negativa. Empecé a llorar, suplicándole a Dios que no me llevara. Le rogué que nos usara juntos, no separados.

«Ann, ¿morirías por mí y sacrificarías tu vida a fin de que yo pueda hacer de Dave el hombre que quiero que sea?».

Continué llorando quedamente mientras Dios —con persistencia— planteaba la misma pregunta otra vez. Yo amaba bastante a Jesús. Él había dado su vida para que yo pudiera vivir. Me había dado un gozo y un propósito inimaginables. Aunque era joven en mi fe, sabía que podía confiarle a Dios mi vida, mi matrimonio, mi futuro y mi muerte. Era un Dios bueno que solo quería beneficiarme en mi relación personal con Él. Al escuchar la pregunta más que rechazarla de plano, empecé a considerarla. ¿Amaba yo a Dios en realidad lo suficiente y confiaba en Él como para ofrecer mi vida en sacrificio vivo a fin de que Dave llegase a ser el hombre que Dios quería? Si esto era parte del propósito de Dios para mi vida, ¿estaba yo dispuesta a vivir —o morir— por ese propósito?

Ello me llevó algún tiempo, pero lentamente una sensación de resolución empezó a crecer dentro de mí, levantándose como una ola que avanza hacia la orilla. Aquello me dio valor, ayudándome a tomar una decisión. Todavía estaba asustada. Todavía me dolía.

Sin embargo, me enjugué las lágrimas y susurré con fervor: «Jesús, te doy mi vida... y, sí, te rindo mi existencia a fin de que puedas hacer de Dave el hombre que anhelas».

Lo había dicho. Entonces empecé a llorar de nuevo al pensar en dejar todo lo que conocía y amaba en esta tierra, esperando que Dios me llevara en cualquier momento. Esperé mientras pasaban los segundos y los minutos, pero no hubo nada excepto silencio.

De repente oí la voz ya familiar: «Ann, no voy a quitarte la vida, pero habrá ocasiones durante el próximo año en que vas a desear que lo hubiera hecho. El año que viene estará lleno de pruebas y dificultades, pero quiero que sepas que estoy contigo y que usaré estas circunstancias para empezar a hacer de Dave el hombre que quiero que sea. Estas pruebas los forjarán a los dos para que se parezcan más a mí; y les enseñarán a depender de mí».

Tan pronto como supe que no iba a morir, en realidad, aquella noche —ni en ningún tiempo cercano—, el alivio inundó mi corazón. Sabía lo que Él había dicho en cuanto a las pruebas, pero cualquier cosa sería mejor que morir, ¿no lo cree así? Es más, realmente no pasé mucho tiempo ponderando esas palabras proféticas. No se derramaron sobre mi alma, sino unos pocos meses después, cuando las pruebas empezaron en realidad.

Refinados por fuego

Al reflexionar en esa noche inolvidable, no puedo hacer otra cosa que sentirme agradecida por la advertencia de la gracia divina en cuanto a la batalla inminente que estaba a punto de empezar en nuestras vidas y en nuestro matrimonio. Sus palabras se cumplieron; y la vida se volvió insoportablemente dura. Esa noche me marcó para siempre, pero le confieso que no hicieron nada más fáciles las pruebas que estábamos a punto de enfrentar. Simplemente me hicieron consciente de que Dios no estaba lejos; y que estaba en eso con nosotros.

Sí, al empezar realmente a profundizar en los conceptos del matrimonio, sería demasiado fácil contar experiencias ingeniosas y consejos en cuanto a cómo comunicarse o cómo añadirle sazón al dormitorio. Pero lo cierto es que el matrimonio no es fácil, para nada. Es cuestión de vida o muerte; y es por eso que sus votos reflejan esta verdad en las palabras: «Hasta que la muerte nos separe».

Antes de que siga leyendo, usted no necesita que lo despierte lo que parece ser una voz audible muy dentro de su alma. Créame, las Escrituras evidencian que Dios está haciéndole a usted la misma pregunta que me formuló a mí. ¿Está dispuesto a perder todo lo que tiene y piensa que quiere a fin de que Dios pueda darle a usted —y a su cónyuge— todo lo que quiere y sabe que necesita? ¿Puede usted confiar que los sueños de Dios con su matrimonio son más altos que los suyos, aun cuando le hagan atravesar tiempos difíciles? En el Evangelio de Lucas, Jesús lo dice muy claramente: «Porque el que quiera salvar su vida la perderá; pero el que pierda su vida por mi causa la salvará» (9.24). Usted no tiene que morir físicamente para perder su vida; simplemente tiene que escuchar, confiar y estar dispuesto a permitir que Alguien más tome las riendas de sus sueños, su dirección y, en última instancia, su matrimonio mismo. Y, sí, puesto que ahora usted es «uno» con su cónyuge, lo que Dios hace en su vida también será una herramienta muy efectiva para hacer algo significativo en la vida de su cónyuge. Hierro con hierro se aguza; y a veces echarán chispas.

No tiene que sentirse listo o capaz; simplemente tiene que estar dispuesto. Eso es todo. Dios no necesita que usted sea valiente, sino que esté dispuesto. No necesita que usted esté calificado; él le calificará mediante su proceso y su plan. Simplemente escuche y esté dispuesto, consciente de que perderse usted mismo es algo a lo que puede decir que «sí», debido a que confía en que la vida que Él tiene para usted es infinitamente más grande que la que usted ha planeado por su propia cuenta.

El matrimonio vertical es un lugar en el cual usted se pierde a sí mismo; no necesariamente en los sueños y ambiciones de su cónyuge, sino más bien en los sueños y dirección de un Padre digno de confianza. Él no está tratando de destruirle; está tratando de refinarle. Los metales más preciosos son forjados en el fuego y parece que nosotros, los preciosos hijos de Dios, somos forjados de la misma manera.

¿Está usted dispuesto a morir? Si es así, alístese para vivir.

Capítulo 4

LO VERTICAL

empieza aquí

Las palabras de Dios a Ann se cumplieron; nuestro primer año de matrimonio estuvo lleno de montones de dolor. Nos quedábamos hasta después de la medianoche casi todos los días tratando de resolver conflictos. Yo (Dave) estaba convencido de que Ann era egoísta y que estaba equivocada; por supuesto, *yo* no era ni una cosa ni otra. Constantemente gritaba para convencerla de que, otra vez, yo tenía razón. No podía entender por qué ella estaba tan «necesitada» ni por qué sentía tanto que yo no la amaba. Estaba agotado tratando de suplir sus muchas necesidades y ella estaba frustrada de que yo estuviera tan despistado y «sin la menor idea». Permanentemente nos heríamos el uno al otro con nuestras palabras descomedidas y nuestras acciones egoístas.

Apenas nueve meses después, Ann y yo estábamos en otro de nuestros conflictos diarios que parecían nunca resolverse. Después de finalmente darme por vencido e irme a la cama, me hallé completamente despierto a las dos de la madrugada, así que bajé al primer piso y abrí la Biblia para buscar la ayuda de Dios.

Al leer la famosa declaración del apóstol Pablo, «para mí el vivir es Cristo y el morir es ganancia» (Filipenses 1.21), me impactó este pensamiento: *Preferiría estar muerto que casado con Ann.* Aunque usted no lo crea, así de difícil había llegado a ser nuestro matrimonio en apenas nueve breves meses. Si usted me hubiera dicho en nuestro día de bodas que me iba a sentir alguna vez de esa manera, y mucho menos antes de un año, le hubiera dicho que usted estaba loco. Pero he hablado con cientos de esposos y esposas que se pueden identificar con eso. El primer año del matrimonio es notoriamente difícil, pero las pruebas nos vienen como una sorpresa completa.

Cuando Ann bajó para ver lo que yo estaba haciendo, pareció alegrarse al ver que yo estaba con la Palabra de Dios, pero entonces le conté lo que acababa de orar. Le dije al pie de la letra: «Acabo de decirle a Dios que preferiría morir que estar casado contigo». (De paso, ¡no es bueno decirle eso a su cónyuge!). Como puede imaginarse, mis palabras la destrozaron. Yo estaba simplemente tratando de ser sincero por completo, puesto que la verdad de esas palabras en ese momento era dolorosamente real. Lo que Dios le había revelado con anterioridad a Ann ahora era una realidad.

Y, sin embargo, Él estaba *allí mismo,* listo para empezar un milagro.

De la muerte a la vida

En los años que llevamos casados, Ann y yo a menudo enfrentamos lo que —por momentos— parecía como de muerte. Muerte de nuestros sueños. Muerte de nuestras expectativas. Muerte de nuestro amor. De hecho, la única razón por la que todavía estamos juntos es que había —y hay— un Padre muy amoroso y personal que intervino para transformar cada una de nuestras vidas y personalidades. Y mediante este improbable triángulo amoroso, de esos momentos que parecían mortales, emergió una asombrosa vida juntos.

Hay un maravilloso misterio en cuanto a lo que Dios promete hacer en las vidas —y en los matrimonios— de los suyos. Él toma el llanto que ha durado toda la noche y de alguna manera lo convierte en un regocijo gozoso por la mañana. Toma las cenizas —los residuos literales finales, inservibles, que quedan cuando todo se ha incinerado por completo— y produce algo hermoso. Sí, Él transforma la muerte en vida. Esto no es simplemente una metáfora; es literalmente lo que Dios hace. Es la única razón por la que todavía estamos aquí y todavía casados —felices—, dicho sea de paso. En efecto, mientras escribo esto, acabo de preguntarle a Ann de nuevo y ella ha dicho que tenemos un 9,9 en la escala del matrimonio.

Por supuesto, ella se equivoca de nuevo... ¡tenemos un diez!

Usted no tiene que ser perfecto para que Dios haga esta clase de milagro diario en su vida o en su matrimonio. Nosotros no lo somos. Usted puede ser severamente defectuoso. Colérico. Adicto. Apático. Incluso ateo. En cada una de esas posiciones, usted todavía es blanco de la gracia. Todavía está en la mira del Salvador. No hay necesidad de limpiar su matrimonio antes de que pueda confiar por completo en el «Vertical» para que empiece a manifestarse en su experiencia.

El mismo hecho de que usted esté leyendo estas palabras es evidencia de que la gracia le está buscando; ¡lo cual es una gran noticia! Aun cuando fui negligente como esposo y padre, alejando los sentimientos que mi esposa en un tiempo había tenido por mí, Cristo me estaba buscando. Él nunca dejó de interesarse por mí, incluso cuando mi hipocresía estaba en niveles catastróficos. Yo nunca merecí su atención vertical; ni la merezco todavía. Y, sin embargo, Él no deja de atenderme.

Lo correcto para empezar *no* es la aplicación sencilla de unos consejos, trucos o artimañas relacionales. Tampoco es atender cada uno y todos los problemas del matrimonio a fin de que cada paso en falso se pueda atacar meticulosamente con toda la energía que cada uno de ustedes pueda aportar; créame, este método le dejará exhausto porque tratar su matrimonio como un proyecto laboral puede demoler las mismas partes relacionales que usted está tratando de rescatar.

No; lo correcto para empezar es hacerlo con *Jesús*. Creer correcta y completamente que la gracia de Dios le está siendo extendida, inde-pendientemente de cuán distante, indigno o inmundo se sienta usted.

Podríamos conducirlo con facilidad a trabajar más duro para mejorar su matrimonio, pero este método por sí solo jamás producirá una experiencia vertical o un matrimonio vertical. La disciplina propia es grandiosa, pero no transforma los corazones; solo Cristo puede hacer eso. Primero tiene que rendirse al amor de Dios por usted. Confíe en Dios primero e invitará todo lo que solo *Dios* puede hacer en su vida y en su matrimonio.

Una vez que haya confiado en Dios, estará listo para trabajar en su matrimonio; pero todos sus esfuerzos en realidad servirán, porque hay una energía divina que le dará poder a sus pensamientos y sus actos.

Desalineado

Retorne conmigo al episodio del piso; ya sabe, la noche en que literalmente casi perdí mi matrimonio. Considere la locura que era que, en ese punto, ya había estado diez años en el pastorado y hablándoles a otros de Cristo y su mensaje. Vamos, literalmente, ¡era un cristiano profesional! Le habría dicho —con absoluta certeza— que yo estaba dedicado «por completo» a Dios. ¿Cómo podría no haberlo estado?

Sin embargo, la verdad es que eso habría sido simple retórica.

Estaba predicando un juego bastante bueno, pero no lo estaba viviendo. No estoy diciendo que no era cristiano, sino que mi andar diario con Dios se había convertido en algo prácticamente inexistente. Corría de reunión en reunión, de evento a evento y de una oportunidad ministerial a otra *para* Dios, pero ya no estaba permitiendo ni promoviendo el cultivo de una relación personal *con* Él. Dios se había convertido en mi profesión más que en la pasión que latía en mi corazón. Su amor todavía estaba presente y yo le amaba a la vez, pero agradarle ya no era mi propósito prioritario.

Yo le hubiera dicho a usted que mis prioridades estaban perfectamente alineadas en el orden clásico apropiado: Dios, familia y *luego* mi trabajo. Servía para exponer un gran sermón, pero eso es todo lo que había llegado a ser para mí. En realidad, mi vida estaba alineada en el orden exactamente opuesto: trabajo, familia y *entonces* Dios. Para ser claro, tener un trabajo o estar atareado no es pecado. Todos tenemos que hacer malabarismos con las responsabilidades. No estoy diciendo que cada uno de nosotros debe pasar todo el día, todos los días, sentado con la Biblia y escuchando música de adoración. Este no es un llamado a dejar de llevar su vida; pero, en mi caso, estaba perdiéndome la vida en todo mi vivir.

Mi itinerario era meramente síntoma de un problema más perentorio. Mis actividades diarias giraban en torno al trabajo, aun cuando este no exigía una devoción irrefutable. En otras palabras, no solo que yo me negaba a decir que «no», sino que también me había vuelto adicto a buscar más cosas que pudieran mantenerme ocupado. Había llegado a acostumbrarme —tal vez incluso a ser adicto— al ajetreo de todo ello, permitiéndole que reemplazara mis prioridades más altas. Había llegado a ser mucho más fácil simplemente estar ocupado haciendo la obra de Dios que, en verdad, atender mi relación personal con Dios.

Yo estaba haciendo la obra de Dios, pero en realidad no conocía bien a aquel para quien trabajaba. ¿Alguna vez le ha pasado eso?

Así que ahora puede ver que mi confesión en el piso del automóvil fue un momento decisivo. Al fin estaba viéndomelas con la vida que yo había estado viviendo bajo la guisa de ministerio. Pero había el peligro incluso mayor de que yo dijera las cosas correctas, pero que en realidad nunca permitiera que esas cosas me transformaran. ¿Cómo iba a seguir? ¿Cómo iba yo a proclamar que estaba totalmente de acuerdo con mi relación con Cristo, si en realidad sigo creyendo y persiguiendo esa proclamación?

Aun consciente de que si a mi confesión en el piso del coche no le seguían acciones concretas, habría consecuencias serias, la menor de las cuales no sería la pérdida de mi matrimonio.

Sé que luce algo extraño pero, esa noche, algo dentro de mí a nivel de «creencia» fue transformado. No me limité simplemente a levantarme y esforzarme más; en realidad volví a enamorarme de

Jesús. Me percaté de cuánto me había alejado de Él, sentí un intenso deseo de acercármele más, de volver a consagrarme a Él y de sacrificar mis propios deseos egoístas a fin de agradarle. Mi relación con Dios de repente perdió algo de su inmadurez; de su enfoque miope en las responsabilidades y en los detalles diarios, impulsados por la carrera. En cierto sentido, pienso que podría decir que empecé una relación con Dios otra vez. Cuando un hombre y una mujer se enamoran, pasan tiempo juntos con el objeto de que cada uno pueda conocer mejor al otro. La verdad era que yo no me había sentado solo con Jesús en meses debido a que no me había dado tiempo. De nuevo, esto no es cuestión de salvación; es un asunto de proximidad. Tal como mi matrimonio, todavía tenía una relación personal con Jesús, pero yo no estaba muy presente. Estaba a un millón de kilómetros de distancia afanado en mi propia y diminuta realidad en la que todo giraba alrededor de mí; y, créame, ningún humano puede aguantar eso de ser el centro del sistema solar.

Por primera vez en mi vida, empecé a desear orbitar en la realidad de Dios. Él llegó a ser el centro real de mis esfuerzos.

Un programa de ejercicio

En muchas maneras, los eventos de esa noche me pusieron ante un espejo, permitiéndome ver mi verdadera condición. ¿Puede usted identificarse con eso? ¿Alguna vez ha evitado verse a sí mismo en el espejo porque simplemente quiere seguir comiendo lo que le guste y continuar apoltronado contemplando Netflix o navegando en la Internet?

Yo lo he hecho.

Hace años me vi en el espejo y tuve uno de esos momentos terribles en que me pregunté: «¿Qué es eso?». Pasé de ser un atleta universitario a un individuo fofo y decaído. Ah, hombre, cómo duele verme de esa manera; pero al instante decidí que tenía que hacer algo radical. Así que compré los DVD del P90X, un extenuante programa de ejercicios que prescribe un número insensato de flexiones y dominadas. El primer día, solo pude hacer una dominada. *¡Una!* Mientras que mi hijo, que es universitario y deportista, podía hacer treinta y cinco dominadas sin sudar ni una sola gota. ¡Incluso hacía unas cuantas con un solo brazo! Hablando de bochorno, Míster Flexión Única… digo: aspirante a Aprendiz de Flexiones.

Sobra decir que me sentí como un perdedor absoluto. *¿Solo pude hacer una dominada? ¿Estás bromeando?* Decidí usar el asombro por parte de mi hijo como motivación. Me comprometí a practicar con el P90X todos los días por los siguientes tres meses para ver qué clase de resultados lograba.

A fin de mes, ¡estaba haciendo veinte dominadas! Ni yo podía creer en mi progreso. Y Ann tampoco podía creerlo cuando empezó a perseguirme por toda la casa para darle un vistazo más de cerca a mi nuevo cuerpo. Está bien, esa última parte me la inventé.

Sin embargo, ¿cómo obtuve este nuevo cuerpo? Sencillo. Primero, creí en forma diferente y permití que esa creencia me llevara a la clase correcta de trabajo… todos los días.

En realidad, no es distinto en nuestro andar con Dios. Simplemente *esforzarnos más* para ser como Jesús no da resultado. No puedo decirle el número de veces en que he estado en la iglesia y alguna nueva verdad me ha inspirado, y he decidido en ese mismo momento y lugar convertirme en un nuevo hombre: mejor esposo, padre y líder. Después salía a la carrera y me esforzaba más para alcanzar esa meta, pero nunca funcionó. Uno no puede «esforzarse más» por sí mismo para andar con Dios. Muchos en la iglesia pasan toda su vida esforzándose más por su propio poder para parecerse más a Jesús. ¡Eso simplemente no funciona!

Sin embargo, el *entrenamiento más inteligente* sí funciona, empezando con un entendimiento correcto de la gracia y la obra de Dios en nuestras vidas. Él está obrando en nosotros, así que podemos ser libres de «hacer ejercicio» en nuestro entrenamiento espiritual. Como les escribe el apóstol Pablo a los filipenses: «Así que, mis queridos hermanos, como han obedecido siempre —no solo en mi presencia, sino mucho más ahora en mi ausencia— *lleven a cabo su salvación* con temor y temblor, pues *Dios es quien produce en ustedes* tanto el querer como el hacer para que se cumpla su buena voluntad» (Filipenses 2.12, 13, énfasis añadido). Como ve, Pablo nos dice que nos esforcemos, pero hay que tener en cuenta de que al hacerlo, Dios también está obrando en nosotros algo mucho más alto al mismo tiempo. ¡Estas son grandes noticias! Si usted no puede hacer una dominada, ¡él puede hacerlo por usted!

Sabemos que el entrenamiento físico incluye ejercicios que desarrollan nuestra fuerza, flexibilidad y condicionamiento aeróbico. Pero ¿cómo nos «entrenamos» espiritualmente? Es sencillo. El entrenamiento espiritual incluye las disciplinas clásicas de la vida cristiana: oración, estudio de la Biblia, meditación, ayuno, adoración, acciones de servicio, dar el diezmo y así por el estilo. Todas estas prácticas ejercitan los músculos de nuestra fe, nos hacen más fuertes, nos obligan a ser más flexibles, y nos dan mayor resistencia.

Sí, hay trabajo que hacer aquí, pero no caiga en la trampa de empezar a pensar que todo depende de usted; esa no es una perspectiva vertical.

Estas disciplinas espirituales nos ayudarán a asumir la postura apropiada ante Dios a fin de que pueda transformarnos. Y tal como mi experiencia con el P90X, la transformación requiere tiempo... y trabajo. Estos son algunos pensamientos adicionales sobre el entrenamiento espiritual.

EL PRIMER DÍA, POR LO GENERAL, ES BOCHORNOSO

Cada vez que usted empieza un nuevo plan de ejercicios tras un largo período de descanso, por lo general es muy duro y bochornoso. Al principio, en realidad no puede hacer gran cosa en el gimnasio —tal vez ni siquiera un solo abdominal— porque usted está fuera de forma.

¡Y qué!

No puede empezar en ninguna otra parte, excepto donde está. Así que empiece ahí, donde *está,* no donde usted piensa que está o dónde quisiera estar. Simplemente empiece a moverse y con el tiempo hará progresos. Pero tiene que estar dispuesto a empezar, o de otra manera nunca podrá persistir en eso.

Cuando asistí a mi primer estudio bíblico en la universidad, no sabía la diferencia entre el Antiguo y el Nuevo Testamento. Pensaba que una parte era para los viejos y la otra para nosotros los jóvenes. Cuando el líder nos pidió que pasáramos a cierto libro de la Biblia, no tenía ni idea de dónde buscar, así que ubiqué el índice y busqué el número de la página. Todos los demás estaban muy adelantados respecto a mí, por lo que me sentí superabochornado.

Pero ¿lo adivina? No me di por vencido y seguí entrenándome; ¡y ahora soy el más grande erudito bíblico del mundo! (Solo para asegurarme de que está prestando atención).

EL SEGUNDO DÍA, TODO ES «QUERER»

La pregunta principal para responder al segundo día de entrenamiento es: «¿Cuánto en realidad lo quieres?». Usted se despierta adolorido por los esfuerzos del primer día. El entusiasmo habrá desaparecido y será difícil volver a recuperarlo.

Por tanto, ¿qué hace usted?

Salta de la cama y vuelve al gimnasio. Es igual con su andar espiritual. Abra su Biblia y empiece a leer, aunque no lo «sienta». Sentir no es un requisito para que Dios se asome y se le revele de una manera refrescante y novedosa. Conforme vea de nuevo y otra vez quién es Él, usted volverá a amarlo de una manera que trasciende las emociones, los sentimientos, las impresiones o las expectativas. La decisión de continuar avanzando le ayudará a romper el ciclo de expectativa emocional que es insalubre y, más bien, le conducirá a la sana expectación de que Dios siempre está presente, está a su disposición y está activo en su vida, independientemente de cómo usted se sienta.

La senda a la santidad implica la disposición para *entrenarse cada día,* especialmente cuando no se sienta con ganas. La grandeza no nos viene porque sí; la agarran a diario aquellos que verdaderamente la quieren con todo el corazón. Si nos entrenamos a diario para llegar a ser un hombre o una mujer de Dios, Él nos encontrará justo donde estamos y nos llevará a la meta que jamás podremos alcanzar por nuestra propia cuenta.

Pablo le escribe a la iglesia de Corinto sobre la consagración y el fuerte deseo de los atletas de su tiempo. Estos atletas pagaban cualquier precio que fuera necesario para ganar una medalla en los juegos estilo olímpico. Luego compara esa consagración a ganar algo que no tiene valor eterno con nuestro compromiso con Jesús, que tiene un inmenso valor eterno:

> ¿No saben que en una carrera todos los corredores compiten, pero solo uno obtiene el premio? Corran, pues, de tal modo que lo obtengan. Todos los deportistas se entrenan con mucha disciplina. Ellos lo hacen para obtener un premio que se echa a perder; nosotros, en cambio, por uno que dura para siempre. Así que yo no corro como quien no tiene meta; no lucho como quien da golpes al aire. Más bien, golpeo mi cuerpo y lo domino, no sea que, después de haber predicado a otros, yo mismo quede descalificado.
>
> 1 Corintios 9.24-27

La cuestión no es cuán fuerte es usted al presente, sino más bien cuán fuertemente quiere conocer mejor a Jesús y verle continuamente transformar su vida. Si usted quiere un matrimonio extraordinario, empiece precisamente aquí, precisamente ahora, con *usted*. Deje de mirar a su cónyuge, y lo que él o ella están haciendo o dejando de hacer. Ponga los ojos en sí mismo. Usted puede empezar a cambiar su matrimonio —empezando en este instante— al ponerse usted mismo de nuevo bajo la disciplina diaria para llegar a ser la persona que Dios quiere que sea.

No deambule sin meta alguna; simplemente corra para ganar ¡hoy mismo!

EL TERCER DÍA, TODO ES «CÓMO HACERLO»

Hace décadas oí al bien conocido autor y pastor Rick Warren hablar sobre cómo crecer mejor espiritualmente. Lo describió de una manera que nunca he olvidado y que, en cierta forma, se aplica también a nuestros matrimonios como a nuestro andar vertical con Dios.

Si usted y yo queremos andar con Jesús, y enamorarnos más de nuestros cónyuges, necesitamos entrenarnos a diario, cada semana y cada año. He adaptado este concepto para que lo recordemos de esta manera:

- Desvíese diariamente (DD)
- Sepárese semanalmente (SS)
- Apártese anualmente (AA)

Las siguientes son algunas sugerencias sobre cómo hacer esto.

Desvíese diariamente

Para crecer en mi relación con Jesús, tengo que entrenarme a diario. Por lo menos una vez cada día, tengo que «desviarme» de mi rutina normal y sacar tiempo para estar a solas con Jesús. Por casi cuarenta años ya, he hecho un hábito el pasar un tiempo con la Palabra de Dios cada día. Sigo un plan de lecturas diarias de la Biblia y un programa de estudio que me ayuda a profundizar mi andar con Dios. Procuro también orar a diario.

Aunque nadie es perfecto con estas disciplinas en términos de congruencia, este desvío diario es tiempo que trato de anotar en mi itinerario como prioridad. Si quiero ser el hombre, esposo y padre que Dios me está llamando a ser, debo «desviarme diariamente» para darle tiempo y espacio a Dios de modo que cultive esas cosas en mí.

Eso no sucederá «porque sí». Usted no logra que sus músculos abdominales sobresalgan sin hacer ejercicios a diario; es lo mismo en nuestra relación personal con Dios. Puedo hablar todo lo que quiera en cuanto a ponerme en forma, pero no habrá resultados en serio mientras no vaya al gimnasio cada día.

Lo mismo es cierto en nuestra andar vertical; e igual para nuestros matrimonios. Los mejores matrimonios también se «desvían a diario». Todas nuestras vidas están alocadamente atareadas, pero si queremos que nuestro matrimonio crezca, también debemos «entrenarnos» a diario. Ann y yo desarrollamos un hábito de entrenamiento temprano en nuestro matrimonio para tratar de pasar por lo menos quince minutos conversando cada día. Para nosotros, eso significa no encender el televisor mientras no hayamos pasado algún tiempo comunicándonos en cuanto a nuestra relación personal.

¿Lo hemos hecho todos los días? No. Pero lo consideramos una prioridad alta y lo hemos logrado la mayor parte del tiempo. Por supuesto, cuando nuestros hijos eran pequeños, era difícil, puesto que a menudo nos sentíamos como que a duras penas estábamos sobreviviendo, pero, de alguna manera, con todos nos arreglábamos para sacar nuestro tiempo la mayoría de los días.

Y, créame, valió la pena.

Sepárese semanalmente

Ahora pasamos a un ritmo semanal. Si queremos crecer espiritualmente, Dios nos ha ordenado que hagamos una pausa por lo menos una vez a la semana para desconectarnos de todo y simplemente descansar en nuestra relación vertical con Él, confiando en que tiene todo bajo su control. Esta práctica se llama Sabbat y, aunque usted no lo crea, ¡es tan importante para Dios que hasta la incluyó en su lista de los diez asuntos más importantes de todos los tiempos!

Dios calificó al reposo y la relajación como una de las cosas más importantes que podemos hacer si queremos tener vidas saludables y estables. Alejarnos de nuestro ritmo frenético por un día a la semana es críticamente importante para nuestra salud espiritual, así como también para nuestra salud física. Como pastor, esto es fácil de predicar y difícil de vivir. Sin embargo, cuando violo el principio del Sabbat, mi relación vertical con Dios sufre; e igualmente mi salud física y emocional.

He aprendido a incluir este día de reposo en mi itinerario. Sin eso, a la larga colapso y me convierto en alguien desesperante con quien vivir; es casi como si Dios supiera de qué estaba hablando. La cuestión de fondo es que somos creados para tener un día libre cada semana. Pruébelo. Tómese un día libre esta semana y vea lo mejor que se siente. Eso, amigo mío, es un obsequio de su Creador.

Sin embargo, este principio de «separarse semanalmente» se aplica también al matrimonio. A Ann y a mí nos dijeron nuestros primeros mentores matrimoniales que los mejores matrimonios salen una vez por semana. Éramos tan jóvenes e ingenuos que simplemente les creímos, por lo que decidimos incluir una noche de salida por semana en nuestro calendario. El resultado es que hemos estado saliendo juntos una vez a la semana por casi cuarenta años ya.

¿Ha habido algunas semanas que no lo hemos hecho? Sí, pero no muchas. Sabemos lo esencial que es ese tiempo para nuestro matrimonio. Cuando los hijos eran pequeños, yo me responsabilicé (no Ann) de conseguir a alguien que cuidara a los chicos y de organizar cada salida. Ann estaba agotada la mayor parte del tiempo como mamá joven, así que sentí que me correspondía a mí sacarla de la casa. Ella se lo merecía. A menudo se resistía a dejar a los chicos, pero una vez que salíamos de casa, agradecía que tuviéramos ese tiempo juntos.

También aprendí una o dos cosas en cuanto a esas salidas. Mi salida perfecta es bastante sencilla: comprar un bocado rápido en algún restaurante económico, ir a ver una película de acción o ir a alguna parte para tener sexo... ¡cualquier parte me sirve!

Para Ann no es así. Ella quiere sentarse y hablaaaaaaar en un restaurante bonito (es decir, costoso). Luego hablaaaaaaaar más acerca de nuestra relación. Luego... tal vez ir a ver una bonita película para mujeres y después hablaaaaaaar algo más sobre lo maravilloso que fue el galán de la película con la protagonista. Luego dirigirnos a casa y hablaaaaaaar más mientras le doy un masaje en la espalda, ¡por una hora!

Estoy bromeando en cuanto a las salidas que le agradan a Ann... un poquito. Pero la verdad es que «entrenarnos» semanalmente en cuanto a nuestra relación, afecta profundamente la condición de nuestro matrimonio. Si no ha hecho eso de «separarse semanalmente» parte de su vida espiritual y de su matrimonio, empiece esta misma semana.

Y lo digo en serio. Saque su calendario y anótelo; ahora mismo.

Apártese anualmente

El último elemento del entrenamiento para una relación vertical más profunda con Dios es apartarse por lo menos una vez al año para un retiro espiritual. Vaya a un retiro para hombres o a uno para mujeres, o a cualquier clase de retiro vertical. Hará maravillas y refresca la perspectiva en su relación personal con Dios. Cada vez que me alejo de la locura de mi vida y programo un retiro para enfocarme sencillamente solo en mi andar con Dios, suceden cosas maravillosas. Vuelvo a casa siendo un mejor hombre, esposo, padre y líder.

Lo mismo ocurre con su matrimonio. Por lo menos una vez al año, váyanse de vacaciones los dos solos. No lleven a los hijos, ni vayan con otra pareja. Ustedes dos solos. Relájense. Jueguen, ríanse. Bailen. Hagan el amor en alguna parte además de la cama; eso hace maravillas con su matrimonio.

Otra gran idea para reforzar su relación es ir a un retiro matrimonial. Ambos crecerán tanto verticalmente con Dios como horizontalmente con el cónyuge. Ann y yo damos conferencias en esos retiros por todo el país, y siempre nos asombra el número de parejas que dicen que es la primera vez que se han apartado en décadas. Para que su matrimonio prospere, debe darle tiempo... lejos.

Recuerdo haber estado sentado en una silla en una playa de México con Ann a mi lado. También recuerdo que no quería gastar dinero en ese viaje (lo sé, tacaño, correcto). Mientras estábamos sentados tranquilos y disfrutando de la asombrosa puesta de sol, ella extendió su mano y tomó la mía. Entonces dijo: «Casarme contigo fue la mejor decisión de mi vida».

Ese momento todavía pende en mi cerebro. Nunca lo olvidaré. Y, créame, Ann probablemente no habría dicho esas palabras con tanta facilidad a menos que estuviéramos sentados juntos en una playa plenamente relajados y disfrutando uno del otro en un ambiente calmado.

A lo mejor es tiempo de llamar al agente de viajes ahora mismo.

SEGUNDA PARTE:

Conflicto y comunicación

Capítulo 5

«VUELVE ACÁ Y

pelea como un hombre»

Como la mayoría de las parejas en el día de su boda, nosotros éramos dos enamorados embelesados sin ninguna preocupación más en el mundo. Encantados por empezar nuestra vida juntos, no teníamos duda de que los días por venir consistirían en una bendición matrimonial feliz, hermosa. Después de todo, ambos amábamos a Cristo y teníamos confianza en que Dios nos había unido como esposo y esposa.

¿Qué podría salir mal?

Tal vez no sea fácil admitirlo, pero la desdichada verdad es que el día de nuestra boda fue el primero del peor año de nuestras vidas. Éramos como dos camiones en una carretera moviéndose a ciegas, sin luces y a punto de sufrir un traumático choque de frente a la siempre peligrosa velocidad de la vida. Sin cinturones de seguridad. Sin bolsas de aire.

Sin ningún indicio de lo que estaba a punto de estrellarse contra nosotros.

Aunque es difícil reducir nuestros asuntos a un solo problema, parece bastante evidente que la cuestión más urgente era que casi ni nos conocíamos el uno al otro. Pues bien, tal vez el asunto más urgente era que casi ni nos conocíamos *nosotros mismos*. ¿Cómo se supone que uno llegue a conocer a otra persona en un medio ambiente tan íntimo e intrusivo cuando sinceramente uno todavía no ha logrado descubrir su propia identidad ni valía propia? Nuestro idílico crucero de placer trajo consigo una carga de barriles de dinamita almacenados muy por debajo de la cubierta principal, solo esperando por *explotar*.

Sobra decir que constantemente estábamos en conflicto, lo que casi siempre llevaba a abundantes gritos y reclamos mutuos. A esas alturas, nadie nos había preparado para el conflicto que inevitablemente ocurre en toda relación personal íntima, mucho menos en la más íntima de todas las relaciones personales. Pensábamos que era extraño estar en desacuerdo, lo que aumentaba las probabilidades en contra nuestra.

Sin embargo, eso no tiene que ser así para usted. Contar con las expectativas y las herramientas apropiadas para resolver conflictos en el matrimonio puede quitarles el fulminante a las bombas que yacen bajo cubierta en su matrimonio. Por eso es que estos capítulos sobre comunicación y resolución de conflictos son esenciales para la salud y el futuro de su matrimonio. John Gottman, respetada autoridad sobre matrimonio, ha descubierto que uno de los principales indicadores respecto a la permanencia de un matrimonio es la forma en que la pareja casada maneja el conflicto.[*]

Si hubiéramos continuado llevando nuestro matrimonio como lo hicimos el primer año, jamás habríamos logrado llegar al año treinta y ocho. Le invitamos a leer con cuidado y aplicarse diligentemente mientras le decimos unas cuantas de las verdades que nos transformaron a nosotros y que esperamos que transforme también su matrimonio.

---

[*] Véase Sybil Carrère y John Mordechai Gottman, «Predicting Divorce among Newlyweds from the First Three Minutes of a Marital Conflict Discussion» [«Divorcio anunciado entre recién casados a partir de los primeros tres minutos de un debate sobre el conflicto matrimonial»], *Family Process* 38, n.º 3 septiembre 1999: 293-301, http://joe.ramfeezled.com/wp-content/docs/Carrere-Gottman1999-Predict-divorce-in-3-mins.pdf.

Cuatro patrones de resolución de conflicto

Una de las primeras cosas que aprendimos (por la vía dura) en cuanto a resolución de conflictos es que todos abordamos el asunto con diversos patrones o estilos. A menudo copiamos lo que presenciamos de nuestros hogares en la niñez. También podemos actuar conforme a creencias que inconscientemente consideramos respecto al conflicto. Hay básicamente cuatro patrones de resolución de conflicto en los cuales todos caemos.

GANAR. El ganador por lo general es bueno en el conflicto. A los ganadores en realidad le gusta el conflicto y son diestros para ganar la argumentación. Aportan relatos de testigos oculares y evidencia completa con cuadros a todo color, demostrando que tienen razón. Esto es una exageración, aunque ligera.

RENDIRSE. El que se rinde «cede» para traer armonía a la relación personal. Los que se rinden piensan que el matrimonio es más importante que un conflicto aislado, así que ceden para devolver la paz al matrimonio.

RETIRARSE. El que se retira detesta el conflicto. Los que se retiran harán lo que sea necesario para evitar el conflicto. Si pueden salir de la habitación, considérelos idos. Pero si no pueden irse, se cerrarán emocionalmente. Es muy difícil conseguir incluso que intervengan en el conflicto.

RESOLVER. El que resuelve hará lo que sea necesario para llegar a una solución. Los que resuelven no pueden soportar vivir sin resolver sus conflictos. Eso requiere mucho trabajo, pero se arremangarán la camisa y lo lograrán de cualquier manera posible.

¿Puede adivinar qué patrones trajimos a nuestro matrimonio? Ann era una ganadora. Creció en un hogar en donde el conflicto se enfrentaba rápida y periódicamente. Sus padres y hermanos simplemente «lo sacaban todo al sol» y atendían los conflictos conforme surgían. Por eso le encanta una buena pelea.

Dave, por otro lado, creció en un hogar en el que los conflictos se volvían ruidosos y horribles. Casi siempre había licor en la mezcla y las peleas a la larga terminaron en un horrible divorcio. Eso lo llevó a pensar que todos los conflictos son malos y que se deben evadir a todo costo.

Así que iniciamos nuestro matrimonio sin tener idea alguna de que una *ganadora* y uno *que se retira* se veían ahora ante el imperativo de atender juntos el conflicto de una manera saludable, que honre a Dios. ¡Buena suerte con eso!

Bajo presión

Recién casados, fuimos a vivir en la casa de los padres de Ann, en Findlay, Ohio, por los primeros meses de nuestro matrimonio. ¿Vivir con parientes políticos? Bueno, *eso sí que* presiona. En ese tiempo también estamos recaudando nuestro sostenimiento financiero para unirnos al ministerio de Atletas en Acción. Más presión aun.

La presión simplemente parecía ser demasiado. Recordamos un caluroso verano memorable en el que los padres de Ann salieron por alguna razón. Lo que debió haber sido un excelente «tiempo de recién casados a solas» derivó más bien en algo totalmente diferente. El conflicto empezó, como la mayoría de ellos empiezan, con una conversación que con el tiempo devino en pelea.

Cuando las cosas estaban por explotar, Dave recurrió al clásico movimiento del que se retira: se levantó y salió de la habitación. Pero Ann no había terminado con él, así que lo siguió y le gritó: «Oye, ¿a dónde vas? Vuelve acá y pelea como un hombre.

¿Como un hombre?

Oh, no, ella no dijo eso.

En lo que a hombría se refiere, Dave se consideraba el más varón del mundo. Después de todo, jugaba como mariscal de campo en los equipos de la secundaria y de la universidad, e incluso lo eligieron como «el hombre» en el salón de la fama de la secundaria y en el de la universidad. Sin embargo, ¡Ann tuvo la audacia de cuestionar su masculinidad! El problema era, que por más varonil que pudo haber sido hasta ese momento, nunca había resuelto saludablemente ni un solo conflicto en toda su vida. Sus músculos físicos eran respetables, pero los emocionales daban lástima.

Así que hizo lo que cualquier misionero cristiano renacido, que cree en la Biblia, haría. Dio la vuelta, se alejó de ella y simplemente gritó: «¡Rayos!».

Excepto que no hubo rayo; no sorprendía que Dave copiara la manera en que había visto a su papá lidiar con los conflictos.

Tras su huida, oyó que Ann le respondía: «¿Ah, sí? Pues bien, ¡rayos!».

¡Ah sí! Se volteó, totalmente aturdido por el hecho de que su flamante, ingenua y angelical esposa hubiera repetido la palabrota que él dijo. Podemos imaginarnos lo que los vecinos deben haber estado pensando, puesto que las ventanas estaban completamente abiertas. «Ah, esos son los vecinos misioneros que tienen una grata conversación».

Tan pronto como las palabras de Ann salieron al aire, Dave subió las escaleras para alejarse de aquello tan horrible que se llamaba conflicto marital; pero Ann parecía decidida a seguir hablando. De modo que lo siguió escaleras arriba.

«Dave, tenemos que hablar —dijo—. Tenemos que resolver esto».

Como la familia de Ann enfrentaba los conflictos sin ambages, ella estaba haciendo lo que solía hacer. En su familia, uno se ponía los guantes para boxear y daba puñetazos hasta que todo se aclaraba y se arreglaba de nuevo. Ella simplemente no podía entender por qué él huía en vez de pelear. Para ella, era casi como si la *indisposición* de él para continuar diciendo cosas horribles en esa pelea era peor que *en realidad decir* cosas horribles.

Atrapado, Dave rezongó: «¿Qué haces? ¡Déjame en paz!», se sentía completamente incómodo, puesto que resolver conflictos era algo que jamás había hecho. Los Wilson no enfrentaban sus asuntos. Los enterraban y vivían para enfrentarlos otro día... uno que nunca llegaba.

Dave había llegado a ser realmente bueno para huir del conflicto. Si surgía alguna pelea con alguna novia que tuviera, simplemente la dejaba, como si fuera un hábito malo. ¿Para qué lidiar con problemas, pese a las recompensas?

Pero esta forma de vivir —la versión adulta— no iba a ser tan sencilla con Ann.

Por eso, el conflicto sin resolver llegó a ser común en nuestro joven matrimonio, para decepción de Ann. Pasado el tiempo terminamos de recaudar el dinero para nuestro sostenimiento financiero y nos mudamos a Lincoln, Nebraska; sin embargo, el primer año de nuestro infierno continuó puertas adentro. Dave se convirtió en capellán del equipo de fútbol Cornhuskers de Nebraska, pero eso no ayudó tampoco a nuestros problemas. De hecho, cuando nos mudamos a Lincoln, surgió otra pelea. Simplemente digamos que las cosas no marcharon bien para nada, tanto que Ann al fin dijo: «Casarme contigo fue la peor equivocación de mi vida». Literalmente tuvimos que detenernos y salir del auto a fin de que ambos pudiéramos calmarnos.

Los meses pasaron volando y nosotros continuamos peleando. Dave seguía siendo nada bueno para resolver conflictos, pero en el ministerio tuvo por lo menos que aprender que la Biblia dice que no debíamos acostarnos enojados. Así que peleábamos hasta tarde en la noche, seguros de que eso era exactamente lo que Dios pensó cuando inspiró a que se escribiera ese versículo en particular. Por fuera, todo parecía perfecto; pero por dentro, estábamos hundiéndonos sin esperanza.

Ahí fue cuando ocurrió el episodio de las dos de la madrugada, en el que dije: «Preferiría estar muerto que casado con Ann», que relatamos anteriormente.

Se quitan los tapaojos

Esa conversación fue una de las más tristes en nuestro matrimonio. No podíamos figurarnos lo que había sucedido. En apenas unos meses, habíamos pasado de mirarnos embelesados uno al otro a los ojos a lanzarnos puñales con la mirada llena de cólera y disgusto, cada uno preguntándose —y no solo a nosotros mismos— si nos habíamos casado con la persona equivocada.

Tal vez no le suceda tan rápido a toda pareja, pero en algún punto en el matrimonio, los tapaojos se caen y uno empieza a darse cuenta de que esa persona con quien se ha casado no solo tiene algunos defectos, sino que en realidad está llena de ellos. Eso sería suficientemente duro de digerir, pero por lo general hay algo más que sucede y que aumenta el problema que usted está atravesando: su cónyuge acaba de darse cuenta exactamente de lo mismo en cuanto a usted, al tiempo que usted nota eso mismo en la otra persona. Doble garrotazo. Tal vez no siempre suceda al grado en que las peleas escalen como la nuestra, pero siempre sucede; y sin embargo, la mayoría de las parejas reciben un golpe bajo cuando los tapaojos desaparecen. Nadie los ha preparado para lo difícil, el trabajo y la belleza inesperada que pueden surgir del conflicto marital.

Por eso es que hemos tenido literalmente cientos de parejas que nos dicen que están convencidos de que se casaron con la persona equivocada... en algún punto, nos sucede a casi todos.

En su libro *The Meaning of Marriage* [El significado del matrimonio], Timothy Keller lo dice muy bien: «Estoy harto de escuchar charlas sentimentales sobre el matrimonio. En las bodas, en la iglesia y en la escuela dominical, mucho de lo que he oído sobre el tema tiene tanta profundidad como una tarjetita con buenos deseos. En tanto que el matrimonio es muchas cosas, es cualquiera *excepto* sentimentalismos. El matrimonio es glorioso, pero duro. Es un gozo candente y fuerza, pero también es sangre, sudor y lágrimas, derrotas humillantes y victorias agotadoras. Ningún matrimonio que conozca y que tenga más de algunas semanas se podría describir como un cuento de hadas hecho realidad».[*]

La verdad es que toda pareja casada enfrenta conflictos... y tal vez muchos. Eso ha ocurrido con nosotros. Los dos somos personas tercas, voluntariosas, egoístas. Hay situaciones en las que un cónyuge

---

[*] Timothy Keller con Kathy Keller, *The Meaning of Marriage: Facing the Complexities of Commitment with the Wisdom of God* (Nueva York: Riverhead, 2013), p. 13.

posee rasgos fuertes de personalidad, mientras que el otro tiende a ser más dócil o pasivo. En situaciones como esas, puede resultar que la «mecha» demore más para hacer explotar el barril de pólvora debido a que se ha establecido el patrón de que uno de los cónyuges domine al otro en momentos de conflicto, pero la persona dominada es cómplice en todo el asunto, porque esa es su configuración cuando se trata de asuntos conflictivos. Pero, no se equivoque, incluso en situaciones como esas, una falta de límites saludables que ambos cónyuges hayan convenido de antemano, a la larga hará que la mecha alcance el barril de pólvora, aunque lleve años. Y entonces...

¡Pum!

En nuestro matrimonio hemos aprendido a los golpes que *la forma en que manejamos el conflicto determinará la salud y el futuro de nuestra unión.*

Es solo por la intervención de un Dios de gracia que no nos rendimos en cuanto a nuestro matrimonio durante ese primer año terrible. Entramos al matrimonio mal preparados, pero poco a poco aprendimos cómo lidiar con nuestras emociones, cómo confrontarnos el uno al otro de maneras más cariñosas y constructivas, cómo perdonar y, más importante, cómo confiar en Dios... incluso en aquellos horribles momentos en que no había suficientes «rayos» para avanzar. Si no hubiéramos permitido que Dios nos hablara por las Escrituras y por medio de los suyos, no sabemos en donde estaríamos hoy.

El conflicto es normal... y continuo

Quisiéramos poder decir que nuestra relación ha estado libre de conflictos tras aquel escabroso primer año. Después de todo, ayudamos a dirigir la iglesia aquí en Michigan. Dave funge como capellán de los Detroit Lions, y dictamos conferencias por todo el país sobre cómo edificar un matrimonio duradero. ¿Acaso no deberíamos tener un matrimonio perfecto a estas alturas?

Esa tal vez no sea una pregunta muy buena que hacer, pero si la hiciéramos, la respuesta sería definitivamente un no. Incluso al madurar juntos, nunca hemos dejado atrás el hecho de que ambos somos individuos apasionados; y ¿por qué íbamos a querer dejar eso atrás? Nuestra pasión es una parte gigantesca de lo que somos como individuos.

Cercenar la personalidad de uno con el objeto de evitar el conflicto que surja también elimina las mismas partes de esa personalidad que la capacitan para realizar las cosas buenas para las que son singularmente creadas. De forma que sí, ambos somos apasionados, lo que significa que nos damos cabezazos muchas veces. Sí, después de más de tres décadas de matrimonio, todavía tenemos nuestras peleas.

No obstante, lo realmente verdadero en cuanto al matrimonio es esto: el matrimonio en verdad es glorioso y en verdad es difícil. Uno ama al cónyuge, pero a veces no puede aguantarlo. Y esta realidad, al parecer nada romántica, no se debe ocultar bajo cubierta con la pólvora, esperando que se encienda y hunda al matrimonio a lo más profundo. Se debe hablar al respecto desde el primer día. De otra manera, muchas parejas piensan que si hay conflicto, algo anda mal con su matrimonio.

La verdad es que *el conflicto es normal;* y cuando empezamos a aprender cómo resolverlo juntos, en realidad, nos acercamos más el uno al otro y hay más intimidad en nuestro matrimonio. Dios puede, en verdad, usar nuestros conflictos para hacernos uno.

Cuando se habla con parejas que han estado casados por cuarenta, cincuenta o incluso más años, se empieza a notar temas comunes. Le dirán que han atravesado dificultades como cualquier otra pareja, pero que trabajaron para resolverlas. No se dieron por vencidos. Persistieron en trabajar por estar en paz el uno con el otro (véase Hebreos 12.14). Como resultado, experimentaron la perfecta gracia de Dios en su poco perfecto tiempo viviendo juntos.

En los próximos capítulos daremos varias estrategias comprobadas para resolver conflictos en el matrimonio. Con el correr de los años, Dios ha usado estas estrategias para ayudarnos a capear nuestras propias tormentas e incluso cuando empezamos a hundirnos impide que naufraguemos.

No importan los conflictos que hayan experimentado, estén experimentando o experimentarán en el matrimonio, hallarán que la Palabra de Dios es útil y práctica... llena de esperanza, aunque no siempre fácil de aplicar. Es nuestra oración que estos principios para resolver conflictos le ayuden a prosperar en la relación más importante de su vida.

Capítulo 6

BIENVENIDO

a la selva

Un sábado hace varios años, volamos a Illinois para ver a uno de nuestros hijos jugar en un partido de fútbol universitario. Mientras conducía el auto alquilado del aeropuerto de Chicago al estadio, miré por un momento a Ann, que estaba tomando una siesta. Entretanto pensé: *Tengo suerte de haberme casado con esta mujer.* Observé las encantadoras líneas de su hermoso rostro y me hizo evocar todos los recuerdos que habíamos compartido con el correr de los años. En ese momento, me llené de amor por ella de nuevo.

Después de ese conmovedor momento de reflexión y gratitud lo lógico era que yo le demostrara esos sentimientos. Pero ¿cómo me comporté el resto del día con mi amada esposa, el amor de mi vida?

Pues bien, en pocas palabras: como todo un mentecato.

Denigré de ella por no ser la gran navegante que todos esperamos que sea la persona que ocupa el asiento del pasajero. Puse mis ojos en blanco. Hice que se sintiera como una tonta. Y, de alguna manera, estuve totalmente ajeno a la forma en que estaba tratándola. Yo pensaba que fue un día bueno en general... hasta que, es decir, conducíamos apurados de vuelta al aeropuerto después del partido. Ella no había dicho gran cosa en casi todo el día, pero eso estaba punto de cambiar.

—Simplemente tengo que decir esto —dijo resoplando—. ¡Estoy harta de que me trates como si fuera la más idiota del mundo! ¡Es como si no pudiera hacer nada bien! ¡Todo el día te has comportado como un mentecato conmigo!

—¡Qué! ¿Estás bromeando? ¡La única mentecata aquí eres tú!

Eso es siempre un gran método para cultivar unidad en el matrimonio.

¿Cómo se atreve ella a decirme tal cosa, especialmente en el momento en que estoy apurándome para que podamos llegar al aeropuerto a tiempo?

—¿De qué estás hablando? Mira, doña navegante, ¿pudieras poner atención al GPS y ayudarme a salir de aquí?

Ah, qué ironía; al día siguiente íbamos a una iglesia en la que hablaríamos sobre el matrimonio.

Ambos estábamos realmente furiosos y hasta sin hablarnos cuando abordamos el avión. Había una joven pareja sentada al otro del pasillo frente a nosotros que estaban totalmente uno encima del otro como unos recién casados. Vi a Ann mirándolos con una expresión de admiración y anhelando que nuestra relación fuera así de tierna. Yo los miré y pensé: *Obviamente todavía no están casados. ¡Qué perdedores!*

El problema del egoísmo

Si este conflicto hubiera ocurrido en nuestro primer año de matrimonio, tal pelea habría escalado a una competencia de gritos. El conflicto habría quedado sin resolverse y nosotros hubiéramos guardado muy adentro nuestra amargura.

Sin embargo, después de más de treinta años de práctica, hemos aprendido mucho en cuanto a cómo diluir y luego resolver esas peleas. Uno de los principios más importantes para hallar solución está en Mateo 7.3-5: «¿Por qué te fijas en la astilla que tiene tu hermano en el ojo, y no le das importancia a la viga que está en el tuyo? ¿Cómo puedes decirle a tu hermano: "Déjame sacarte la astilla del ojo", cuando ahí tienes una viga en el tuyo? ¡Hipócrita!, saca primero la viga de tu propio ojo, y entonces verás con claridad para sacar la astilla del ojo de tu hermano».

¿Traducción? En cualquier conflicto, usted tiene que detenerse y buscar entender en cuanto a lo que *usted* hizo para encender el problema.

En este caso, me calmé y me di cuenta de que ese día *fui yo el* que trató a Ann como una basura. Yo estaba hundido hasta las rodillas en el egoísmo que, por definición, es generalmente algo que uno mismo tiene gran dificultad para reconocer. Es como cuando uno está nadando en el océano y la resaca lentamente lo va alejando de la orilla; por lo general, uno no se da cuenta de cuánto se ha alejado mientras está todavía en el agua. De hecho, si su cónyuge todavía está sentado a su lado en este momento, quiero que usted le mire.

¡Usted está mirando a la segunda persona más egoísta del planeta!

Es casi imposible identificar el egoísmo en el momento en que sucede por primera vez. Una de las mejores cosas en cuanto a un punto de vista vertical es que incluye en la mezcla a Uno que se especializa en lo imposible, que nos insta a seguirle a escenarios que son humanamente imposibles. Uno de estos es una vida que se vive por encima y lejos del egoísmo que reside dentro de cada uno de nosotros.

En su Carta a los Filipenses el apóstol Pablo muestra esta invitación a lo que parece imposible: «No hagan nada por egoísmo o vanidad; más bien, con humildad consideren a los demás como superiores a ustedes mismos. Cada uno debe velar no solo por sus propios intereses, sino también por los intereses de los demás» (Filipenses 2.3, 4).

Cuando aplicamos este pasaje a los conflictos que experimentamos con otros, su significado llega a ser nada menos que profundo.

Para la mayoría de personas eso de darse cuenta del propio egoísmo en medio del conflicto es algo que no puede suceder. Hay demasiada cólera. Demasiada emoción. Es bueno que cuando nos conectamos verticalmente con Dios y le traemos a nuestras relaciones, Él nos concede una fuerza y una capacidad más alta que nuestra humanidad horizontal. Nunca podremos conquistar el egoísmo por cuenta propia. Simplemente no tenemos poder para ello. Tenemos que pedirle a Jesús *su* poder de resurrección... periódicamente Él vuelve a la vida muchas cosas muertas.

Créame, nuestro egoísmo nos matará a nosotros y a nuestro matrimonio, así que es tiempo de pedir una porción de poder divino.

En medio de sus conflictos, empiece a escuchar el susurro interno que le recuerde que dé un paso atrás, que se examine usted mismo, y no simplemente a su cónyuge (aunque tenga la culpa en el asunto por igual), y véaselas con su propio egoísmo y arrogancia. En vez de culpar a su cónyuge, humíllese usted mismo y considere las necesidades de su cónyuge como más importantes que las suyas. Estar dispuesto a apoyarse en la verdad vertical de Filipenses 2.3, 4 es algo que le cambiará el juego al problema del egoísmo.

Ustedes están en guerra

Ustedes están en guerra. Sabemos lo que usted está pensando: *Así es, ¡lo sé! ¡Ella es el enemigo y la voy a vencer!* O: *Él es el enemigo; ¡ni siquiera me quiere!* Le oímos. A menudo parece como si el cónyuge fuera el enemigo, pero la verdad es que tal idea no puede estar más lejos de la verdad.

Hay algo más que está pasando en su matrimonio que usted ni siquiera puede ver con los ojos físicos. De hecho, Pablo habla de esto en su Carta a los Efesios: «Porque nuestra lucha no es contra seres humanos, sino contra poderes, contra autoridades, contra potestades que dominan este mundo de tinieblas, contra fuerzas espirituales malignas en las regiones celestiales» (6.12).

De nuevo, parece que nos gusta aplicar versículos como este a *cualquier cosa* en nuestras vidas, iglesias o situaciones de trabajo; *cualquier otra cosa* excepto a las relaciones personales o los matrimonios. Pero este versículo y muchos otros parecidos están llenos de teología en cuanto a las relaciones personales. Dios dice que su guerra no es contra su esposa o su esposo. No es contra carne y sangre. No es contra otro ser humano. Ni siquiera es contra usted mismo.

Está bien, entonces, ¿contra quién es? Contra potestades que dominan este mundo de tinieblas, contra fuerzas espirituales malignas en las regiones celestiales. Es contra un enemigo; un gobernante o autoridad espiritual en un ámbito espiritual que no se puede ver con los ojos físicos.

Dios creó el universo. También creó a los ángeles antes que a los seres humanos. El primero de los ángeles que se reveló fue Satanás, que debido a su deseo de usurpar a Dios y tomar su posición fue expulsado del cielo, junto con otros que siguieron su dirección. Jesús mismo dijo de Satanás: «El ladrón no viene más que a robar, matar y destruir; yo he venido para que tengan vida, y la tengan en abundancia» (Juan 10.10).

Con este versículo Jesús básicamente dice: «Quiero darte la más grande relación personal que jamás hayas soñado. Tengo un plan asombroso para tu matrimonio y para tu relación personal. Pero el ladrón, Satanás, quiere robar, matar y destruir tu relación personal».

Hay una guerra que se está librando y su matrimonio está en la línea del frente. Incluso así, muchos de nosotros tendemos a pensar que los buenos matrimonios y las buenas relaciones personales se están experimentando en algún balcón romántico distante, no en un campo de batalla espiritual.

¡Me casé con la persona errada!

Si usted es como nosotros, normalmente no se despierta todos los días sintonizado con la realidad de que su matrimonio es un campo de batalla espiritual. Más bien, se levanta pensando: *¿Va ella a hacerme feliz hoy? ¿Va él a suplir mis necesidades?* Y cuando su cónyuge no cumple esas expectativas, usted piensa: *¡Tal vez me casé con la persona errada!*

Una vez promoví en mi iglesia una serie sobre el matrimonio diciendo: «El sermón de la próxima semana se titula "Ahora que usted se ha casado con la persona errada"». Docenas de personas hablaron conmigo y me dijeron que anhelaban oír ese sermón. «¿Por qué?», pregunté. Cada uno, a su manera, dijo que en efecto se habían casado con la persona errada.

Todos sentimos eso en algún momento.

La verdad es que por los estándares puramente «horizontales» de seres humanos, todo individuo se casa con la persona errada. Con eso queremos decir que si usted espera que un ser humano llene el agujero del Espíritu Santo en su vida, no importa cuán generosa, comprensiva, dotada sexual o espiritualmente pueda ser la otra persona, no puede suplir esas expectativas. Jamás.

Pero la persona errada puede convertirse en la adecuada cuando no espera que haga por usted lo que solo Dios puede hacer.

Esta percepción es parte de darse cuenta de la guerra. Es dudoso que alguno de nuestros valientes soldados en Irak o Afganistán pasen a las líneas del frente hoy y piensen para sus adentros: *¿Voy a ser feliz hoy? ¿Quién me va a traer mi café? Con certeza espero que mi colega soldado supla mis necesidades hoy.*

No estamos diciendo que la felicidad no sea algo maravilloso en que pensar, pero estos individuos están pasando a una situación de batalla, poniéndose sus cascos, cargando sus armas, y diciendo: «¿Cuál es nuestra misión hoy? ¿Dónde está el enemigo? ¿Cuál es su estrategia? ¡Vamos!». ¿Por qué? Porque entienden que están en guerra.

Si usted se despertara todos los días consciente de que hay un enemigo real que lo detesta y que aborrece la posibilidad de que usted «haga el matrimonio» a la manera de Dios —que tiene su mira en usted porque quiere destruir su matrimonio y su legado —pues bien, entonces, esa realidad lo cambia todo. Ya no es asunto de mi propio deseo egoísta simplemente de ser feliz; se vuelve asunto del plan más grande de Dios de mostrarse a sí mismo al mundo mediante su matrimonio.

Eso es grandioso.

Oímos esta verdad dos semanas antes de casarnos. Asistimos a una conferencia sobre el matrimonio en la que ahora tenemos el privilegio de hablar, FamilyLife's Weekend to Remember (Fin de semana sobre la vida familiar para recordar). Nos enseñaron que hay un enemigo que quiere derribarnos porque desea impedir el plan de Dios con nuestro matrimonio. Ese plan es por unidad y esa unidad dará gloria a Dios.

Pero Satanás también tiene un plan con nuestros matrimonios, y se resume en una sola palabra: *divorcio*.

Pelee con el enemigo real

La palabra *divorcio* y la lucha real para evitarlo es un asunto tan serio como para que lo consideremos colectivamente como «nuestro» de nuevo. Tres meses después de casados, estábamos en Casper, Wyoming, visitando a los tíos de Ann. Como ellos estaban trabajando, nos quedamos solos en la casa; lo que debería haber conducido a que sucedieran buenas cosas. Sin embargo, nos metimos en una pelea bastante seria.

La situación se puso muy acalorada con abundantes gritos y vociferación. Al fin, Dave hizo lo que solía hacer. Salió del dormitorio y dijo: «Me largo de aquí. ¡No puedo aguantarte! ¡No quiero estar en la misma habitación contigo!».

Ann estaba furiosa, pero recordó lo que se nos había enseñado unas semanas atrás. Cuando Dave salió de la habitación, ella gritó: «¿Por qué estamos peleando uno contra el otro cuando deberíamos estar peleando contra el enemigo?».

Dave había dado un par de pasos en el corredor cuando ella dijo aquello y eso lo enfureció, pero de una manera diferente. Lo enfureció porque sabía que tenía razón. No quería admitirlo, pero se dio la vuelta y volvió a la habitación donde estaba ella. Esa afirmación nos recordó que en efecto estábamos en una guerra, no uno contra el otro. Decidimos (en esa ocasión, por lo menos) pelear más bien contra el enemigo real.

Sin embargo, este drama se manifiesta en el matrimonio todos los días. Tendemos a olvidar la verdad real que más cuenta. Nos sentimos tan lastimados que nuestra tendencia natural es lastimar a la otra persona en desquite, y así empezamos a dispararle a nuestro cónyuge por cosas pequeñas en vez de atacar los asuntos más importantes. Y, sobre todo, olvidamos quién es el enemigo real.

Si usted puede imaginarse esto desde algo así como un ámbito espiritual cósmico, simplemente figúrese a Satanás mirando a Dave y a Ann desde una trinchera, al otro lado del campo de batalla. Nos ve volviéndonos el uno contra el otro disparando a dos cañones. Sin duda se queda simplemente sentado ahí, con un gesto de sorna, diciendo: «Esto es fácil. ¡Ni siquiera tengo que hacer algo porque ya se están disparando entre sí! ¡Ni siquiera se dan cuenta de que su enemigo real está afuera!».

Jesús les dijo a sus seguidores que la evidencia que demuestra que son sus seguidores sería la forma en que se aman unos a otros (véase Juan 13.35). Sin ninguna duda, Satanás también ha oído este mensaje, así que su táctica es sencilla: «¡Voy a destruir todo eso en las relaciones personales!». Y si se considera que una de las primeras cosas que Dios hizo en la creación fue instituir la relación del matrimonio, podemos ver por qué hay un blanco especial en las espaldas de los casados.

Usted será herido

En una guerra, las personas sufren heridas. En el matrimonio y las relaciones personales, las personas sufren heridas. Tal vez no parezcan grandes noticias, pero darse cuenta de esta realidad en verdad es un don. Debemos esperarlo en vez de ser sorprendidos por eso cuando suceda.

Efesios 5.33 (LBLA) ofrece una vislumbre fascinante de la manera en que los esposos y las esposas deben considerarse uno al otro:

> En todo caso, cada uno de vosotros [sin excepción] ame también a su mujer como a sí mismo [con una conducta digna de respeto y estima, siempre procurando lo mejor para ella, con una actitud de bondad], y que la mujer [que ve eso] respete a su marido [que lo note, lo prefiera y lo trate con amor e interés, cuidándolo, honrándolo y considerándolo querido].

Bondad. Respeto. Estima. Preferencia. Cuidado. Considerarlo querido. Hay una parte de nosotros que anhela que nuestro cónyuge oiga estas palabras de las Escrituras a fin de que él o ella cambien y empiecen a hacerlas. Es fácil enfocarse mucho en nuestro cónyuge y lo que no está haciendo en el matrimonio para satisfacernos. En esencia somos egoístas y creemos que merecemos que nuestro cónyuge supla nuestras necesidades en todo momento. Pero ¿adivina? Su cónyuge está pensando lo mismo en cuanto a usted. Y aquí hay otro avance de noticias: a cada uno de ustedes, el otro lo desilusionará de alguna manera. Nadie puede suplir todas nuestras necesidades. El momento en que nos damos cuenta de esta verdad es cuando al fin empezamos a mirar más bien al Único que puede y suplirá esas necesidades; si se lo permitimos.

Cuando vamos a un retiro matrimonial o leemos juntos un libro sobre matrimonio, empezamos a pensar: *Él me va a amar mejor ahora* o *Ahora ella me va a respetar.* Prepárese para la muy real posibilidad de que tal vez él o ella no hagan eso que usted espera. Sí, esperamos que esas experiencias hayan sido útiles y ambos entenderán al matrimonio y uno al otro mejor que antes. Pero, de nuevo, si usted piensa que *él* o *ella* finalmente va a darle por completo todo lo que necesita, resultará herido, frustrado y amargado... porque su cónyuge *nunca* fueron hechos para hacer eso. Aun en el mejor de los casos, sus expectativas necesitan ser moderadas apropiadamente; porque solo Dios puede satisfacerle.

Capítulo 7

MODALIDADES
de la ira

Nunca olvidaré el día en que Ann se acercó a mí en la cocina y empezó a criticarme acerca de algo de nuestra relación. A esas alturas, teníamos unos cinco años de casados. Su intención era constructiva; es decir, en realidad quería ayudarme; pero todavía no había aprendido a hacerlo sin herirme los sentimientos. Me sentí denigrado, lo que rara vez lleva a hombres y mujeres a un buen lugar.

Ese sentimiento fue como un detonador y solo bastaron unos minutos para que yo estallara en cólera.

Lo que sucedió luego sigue claro en mi mente, porque ese día en particular fue uno de los más decisivos en nuestra relación personal. Ann quedó muy desilusionada.

—Cada vez que traigo algo a colación, tú te encolerizas —dijo—. Así que, olvídalo. ¿Para qué desperdiciar mi tiempo? Tú simplemente pierdes los estribos.

Al darse ella la vuelta para irse, le grité:

—¡No los pierdo! ¿De qué estás hablando?

Ella hizo un gesto hacia mí como si fuera un fiscal acusador presentando su caso ante el juez.

—Ahí lo tienes: ¡Primera evidencia! Gracias. Caso cerrado.

Verifique debajo del capó

Todos nos enojamos a veces; es parte de ser humano. El problema es que a menudo no reconocemos ni comprendemos las raíces de nuestra ira, así que no sabemos cómo tratarla cuando surge. Si usted está conduciendo un coche y nota que del compartimiento del motor brota vapor o humo, simplemente no debe continuar manejando. Tiene que detenerse de inmediato y verificar debajo del capó para ver si el motor está sobrecalentándose o es algo peor.

Una discusión, como el humo que brota de un coche, a menudo es un síntoma de algo más profundo; no siempre, pero a menudo. Y, sobre todo, si es un «calor» serio en una discusión respecto a un tema o punto de debate en particular, la sabiduría dice que usted debe hacer a un lado la discusión y verificar debajo del capó para determinar cuál es el problema real. Así que, cuando la ira surja en el conflicto —y casi siempre lo hace— usted necesita verificar debajo del capó y preguntarse: «¿Qué está *causando* esa cólera?».

Por primera vez en mi vida, el capó había sido levantado y pude ver por lo menos algo del problema real. Mis palabras coléricas rebotaron por toda la cocina como balas en el concreto; y aunque Ann era mi mejor amiga, mis palabras distaban mucho de ser fuego amistoso. En realidad, eran crueles.

Muy dentro de mí, sabía que ella tenía razón, pero simplemente no podía admitírselo, no todavía.

Sin embargo, esa pelea en particular me llevó a empezar a examinar más a menudo debajo del capó para tratar de determinar lo que estaba pasando. ¿Por qué me enojaba todo el tiempo?

Unos días más tarde me reuní con tres hombres a los que, hasta hoy, llamo mi grupo personal para rendir cuentas. Una vez a la semana los cuatro nos reunimos para hablar de nuestras vidas y lidiar con el teje y maneje de ser esposos, papás y hermanos en un mundo caído. Estos hombres saben todo en cuanto a mí.

Así que les pregunté:

—De todas las emociones que ustedes sientencomo hombres, ¿cuál es la más frecuente?

Se quedaron mirándome, como si yo estuviera usando un vestido rosado y zapatos de tacones.

—¿Emociones? ¿De qué rayos estás hablando?

Ellos sabían lo que yo quería decir, pero les encantaba ponerme las cosas difíciles.

—Ustedes saben, emociones como el gozo, la felicidad, la tristeza, la cólera, la frustración. ¿Cuál de ellas?

En un abrir y cerrar de ojos respondieron al unísono:

—Muy fácil: la cólera.

Así que les conté el episodio de la cocina sucedido pocos días antes y mi patrón habitual de descargar mi cólera en cualquier momento en que tengo algún conflicto con Ann. «Necesito descubrir de dónde viene esta cólera», dije. Esa conversación levantó el capó un poco más porque, por primera vez, estuve dispuesto a invitar a otros para que también miraran debajo del capó.

Cólera predeterminada

Empecé a estudiar la ira y aprendí que los psicólogos la llaman una «segunda emoción». Eso quiere decir que el enojo no suele ser la primera emoción que sentimos en una situación estresante. La primera emoción puede ser una herida, frustración, temor u otra cosa; pero nos enojamos porque nos sentimos demasiado incómodos con esa emoción inicial. En la pelea con Ann en la cocina, me sentí herido, pero no sabía cómo admitirlo. Así que me dejé llevar por la ira de inmediato. Sinceramente no tenía ni idea de que yo saltaba a la segunda emoción todo el tiempo.

Pero todos los demás se daban cuenta de eso; y en especial Ann.

Otros ejemplos de mi «cólera predeterminada» empezaron a aflorar. Yo estaba tratando de arreglar una secadora, y mi hijo de cuatro años, C. J., preguntó qué estaba haciendo. Él ya había mostrado señales de que se inclinaba por la mecánica, así que le pregunté si quería ayudar.

—¡Seguro! —dijo.

Pensé que lo haría bien, pero según resultó, era todavía muy pequeño y no tenía fuerza suficiente como para darle la vuelta a su diminuto destornillador. A pesar de sus mejores esfuerzos, sus deditos seguían resbalándose sin tino. Yo estaba apurado y en mi frustración, le grité.

—¡C. J.! ¡Solo dale la vuelta!

Había tanto dolor en su carita que todo lo que pudo hacer fue levantarse e irse. No quería que le gritara. Volví a fallar.

Este incidente sucedió justo cuando yo había empezado a estudiar la ira y su poder en mi vida. Para mí fue un momento esclarecedor. Me di cuenta de que me había comportado como un completo idiota; uno no puede esperar que un niño de cuatro años manipule un destornillador con la destreza de un hombre maduro.

¡Ay, no!, pensé. *¿En realidad quiero ser* ese *papá que aleja con ira a su propio hijo?* Tenía mucho trabajo que hacer, pero estaba empezando a aceptarlo.

También aprendí acerca de diferentes tipos de ira. La *ira específica situacional* tiene que ver directamente con la situación o circunstancias que la desatan. Por lo general, este tipo de cólera es más fácil de controlar; y, de hecho, a veces incluso puede ser constructiva. Por ejemplo, uno puede sentir indignación por una injusticia o cuando presencia una crueldad. Esta es la ira justa que motivó a William Wilberforce a trabajar valientemente para acabar con el tráfico de esclavos. También motivó a Jesús a expulsar del templo a los cambistas (véase Juan 2).

Otro tipo es la *ira desplazada*. Esta ira se dirige mal hacia el blanco errado. Cuando uno está furioso por una situación en el trabajo y llega a casa solo para gritarle a un hijo por derramar la leche en la mesa de la cena, esa es cólera desplazada. Cuando un conductor enfurecido en la carretera empieza a seguirme demasiado cerca, encendiendo y apagando sus luces y haciendo sonar su bocina tratando de adelantarme, en realidad lo que quiero es poder sentarme con aquel individuo y decirle: «Tienes cólera desplazada, viejo. ¿Cuál es tu problema real? Mira, permíteme ayudarte a ver debajo del capó».

Eso probablemente no resultaría bien.

El ABC para manejar la ira

Para la ira específica situacional o la desplazada, he aprendido lo que llamo «El ABC para manejar la ira».

A: Reconozca y admita su ira

Pablo les dice a los efesios: «Si se enojan, no pequen». No permitan que el enojo les dure hasta la puesta del sol» (4.26). Este versículo implica que el enojo es una emoción natural, dada por Dios. ¿Por qué otra razón diría: «Si se enojan»? Toda persona enfrentará la ira en algún momento, pero eso no necesariamente quiere decir que tenemos que pecar —o errar el blanco— debido a ella. Así que hay que planear para hacerle frente; pero, aun mejor, planear hacerle frente *ahora*. Superarla rápidamente. No permitir que se encone por dentro.

Por desdicha, a muchos cristianos les es muy difícil admitir cuando están enojados. Piensan que enojarse siempre es pecado. Recuerdo haber estado en una reunión con los ancianos de nuestra iglesia. El que estaba sentado a mi lado obviamente se enfadaba cada vez más por la situación que se debatía. Me incliné hacia él y le dije al oído:

—Oye, hermano, te estás agitando, ¿verdad?

—No, yo no —replicó.

—Sí, lo estás —pude decir que él no quería admitirlo.

—¿Qué te hace pensar que estoy enojado?

—¡Porque las llamas te están saliendo por la nariz! —le dije riéndome. Y, sin embargo, siguió negándolo.

El enojo no es pecado, pero si no lo reconocemos temprano, ciertamente puede llevarnos a pecar. Dios sabe todo pensamiento y emoción que tenemos, así que, ¿para qué esconderlos? Sea sincero en cuanto a los momentos cuando está enojado con su cónyuge. El momento en que finalmente admitamos que estamos enojados es cuando empezamos a avanzar para poner riendas a esa cólera. Esto sinceramente nos hará avanzar muchísimo en el proceso de hallar solución y paz.

B: Regrese a la primera emoción

Esto es tremendo, porque es muy fácil dar más y más rodeos en un momento de discusión acalorada, y literalmente perderse en su propia argumentación, olvidándose de cuál fue el asunto inicial, para empezar.

Así que vuelva a la causa raíz de su enojo y busque la emoción que evadió para dar lugar más bien a la ira. ¿Fue temor? ¿Tristeza? ¿Dolor? En mi propio matrimonio, por lo general evado el dolor y tomo el carril rápido hacia la ira.

Me he dado cuenta de que simplemente no me las veo bien con el dolor emocional. De hecho, no conozco a muchos hombres que lo hagan. Pienso que las mujeres lidian mucho mejor con esa emoción. ¿Alguna vez ha llegado a casa para hallar a su esposa bañada en lágrimas en el sofá? Usted le pregunta por qué y ella dice que simplemente acaba de tener el día más duro y que los hijos han sido crueles con ella.

Ahora voltee la moneda. Señoras, ¿alguna vez han hallado a su esposo sentado en el sofá bañado en lágrimas porque alguien lo lastimó emocionalmente en el trabajo? Es probable que no. Más bien, simplemente reacciona enojado contra usted toda la noche y usted no sabe por qué… y él tampoco lo sabe. Pues bien, ahora usted lo sabe.

Por lo general cuando enseño esta práctica de «volver a la primera emoción», me ato un cordón de extensión alrededor de mi cintura con el enchufe colgando en el piso. Entonces trato de retroceder por el cordón hasta hallar a donde está enchufado. *Esa* emoción de dolor o frustración es con lo que debo tratar en realidad, en vez de estallar en cólera. Una vez que sé cuál es esa emoción, *entonces* puedo en realidad hacer algo al respecto.

Tengo que ser sincero conmigo mismo y admitir que me han lastimado, y que no me siento cómodo con esa emoción. Luego tengo que ser sincero con mi esposa. «Cariño, eso me lastimó. Lo que dijiste me hizo sentir depreciado como hombre. Por eso fue que me desboqué». Ahora podemos verdaderamente comunicarnos.

Ahí es donde empieza la comunicación. Yo escucho. Mi esposa escucha. Y juntos empezamos a enfrentar nuestro conflicto. Para la mayoría de nosotros, no es divertido ir allá, pero créame, funciona.

C: Confiese apropiadamente su cólera

Hay maneras apropiadas e inapropiadas de confesar su ira. Confesarla apropiadamente es exponer con limpieza sus emociones y sus errores con sinceridad, gentileza y dominio propio.

Recuerdo cierto día cuando recogí a nuestros hijos de la práctica de gimnasia. Ann normalmente los recogía a todos, pero ese día en particular yo fui el chofer.

Cuando mi hijo menor C. J. me vio en lugar de su mamá, sus primeras palabras —frente a otros padres, encima de eso— fueron: «Ah, eres tú, papá. Pensé que mamá iba a venir».

Me abochorné por su desilusión obvia, pero traté de ocultarlo. Al salir, me puse a hablar con una mamá de nuestra iglesia, cuando C. J. empezó a halarme por los pantalones, pidiéndome —más bien hostigándome— que le comprara una golosina de la máquina expendedora.

Todavía molesto por su comentario inicial, le respondí con rudeza:

—C. J., simplemente espera. Estoy hablando.

—Pero, papá, quiero algo.

—¡Solo espera! —le dije en ese tono fuerte, aunque silencioso y que no abochorna—, que la mayoría de los padres dominan.

—¡Pero mamá siempre me compra algo!

Por dentro, se me estaba acabando la paciencia. Extendí la mano y le apreté el brazo para captar su atención, pero no me di cuenta de lo enojado que estaba yo, y se lo apreté demasiado duro. Él gritó por el dolor. Gritó *en verdad*. Frente a todos esos padres. Casi pude oír lo que pensaban: *¿No es ese el reverendo Wilson? ¿Deberíamos llamar a los Servicios de Protección Infantil, o simplemente dejar su iglesia y decirles a todos por qué?*

Esa no fue mi mejor hora. Al conducir a casa, recuperé mis cabales y recorrí mentalmente el ABC mientras conducía. Uno puede hacerlo así de rápido. Admití mi enojo, retrocedí al dolor que desató mi ira, y me di cuenta de que necesitaba confesarles mi enojo a mis hijos.

—Muchachos —dije—, allá en el centro de gimnasia, ¿piensan que yo estaba enfadado?

Con los ojos abiertos a más no poder, asintieron «sí» al unísono. (Nota colateral: los chicos lo ven *todo*).

—¿Saben por qué papá estaba enfadado?

C. J. replicó:

— Sí, no te interrumpí apropiadamente.

Él suponía que la culpa era de él, que es lo que les enseñamos a nuestros hijos a hacer; principalmente porque nosotros como padres tenemos tanta dificultad para ser sinceros con ellos en cuanto a nuestras propias faltas en el proceso. Decidí que necesitaba considerar mi error, y no simplemente permitir que lo eclipsara su inocencia infantil; que yo sabía que podía ser el truco esta ocasión, pero no duraría para siempre.

—C. J. Tú querías que tu mamá te recogiera en lugar de mí. Tienes siete años y por supuesto quieres a tu mamá. Pero eso lastimó mis sentimientos y me desquité contigo. Muchachos, papá se equivocó. Lo lamento. No debería haberte apretado el brazo tan fuerte, C. J. Esa ira fue inapropiada. ¿Podrías perdonarme?

Antes de que hubiera incluso terminado mi confesión, C. J. replicó:

—¡Ah, sí!

(Nota colateral: los chicos por lo general son rápidos para perdonar).

Ese fue un momento increíble con mis hijos, pero la mejor parte de la historia es que veinte minutos más tarde, cuando entré a la casa,

Ann recibió a un esposo que ya no estaba llevando ira desplazada que a la larga hubiera acabado descargándola contra ella.

Ganar control sobre nuestra ira es de importancia crítica. Si no retrocedemos a la fuente, continuaremos llevando ese fuego a nuestro matrimonio, y lastimando definitivamente a aquellos a quien más queremos. Ellos merecen de nosotros algo mejor que eso.

La ira que va a lo profundo

El ABC parece realmente ayudar en momentos de ira situacional o desplazada, pero no es efectivo con el tercer tipo: la *ira crónica*. La ira crónica va a lo profundo. Es similar a la ira desplazada porque se origina en alguna otra parte, pero por lo general va mucho más allá. A menudo está enterrada muy por debajo de las capas de dolor, cólera y amargura; que se remontan a muchos años atrás.

Las personas crónicamente enojadas pueden explotar en cualquier parte, en cualquier momento. Uno nunca sabe qué es lo que las hará estallar. Este tipo de ira es una mina enterrada esperando que alguien la pise —profundamente enterrada y, sin embargo, accesible con extrema facilidad. Y cuando revienta, todos —por lo general incluso la persona colérica— casi siempre sorprende.

«¿De dónde vino *eso*?».

Esa fue mi experiencia los primeros veinte años de nuestro matrimonio. Sufrí de ira crónica por años y nunca lo supe.

Cuando éramos muy pequeños, mi padre nos abandonó a mí y a mis cuatro hermanos. Era piloto de aerolínea y le había sido infiel a mi madre en muchas ocasiones. Como era de esperarse, mi madre finalmente se hartó, y su matrimonio se acabó.

Como puede imaginarse, cuando él trató de conectarse con nosotros, sus muchachos, yo lo rechacé. Aun cuando cursé la universidad, los asuntos seguían sin resolverse. Tengo recuerdos vívidos de sus esfuerzos por empezar a ir a mis partidos de fútbol. Incluso después de todos esos años, no quise tener nada que ver con él. Le dije en su cara que no lograría ser parte de mi vida porque nos había abandonado.

Como muchos otros hombres con similar situación, yo no tenía ni idea de cómo todo ese dolor y rechazo enterrado me lastimaron cuando era un muchacho, en mi adolescencia y en mi juventud. Yo estaba profundamente amargado y encolerizado; y sin saberlo llevé esa ira crónica a mi matrimonio.

Opte por perdonar

Cuando me acercaba a cumplir los treinta, recuerdo haber estado sentado con Ann mientras veíamos a nuestros hijos jugar en el piso. Le dije:

—¿Puedes creer que mi papá me abandonó cuando yo tenía apenas la edad de ellos?

Ann me miró con gentileza y cariño; y tuvo la valentía de confrontarme con amor.

—Tú sabes que tienes problemas con tu papá, ¿verdad?

Naturalmente, me puse a la defensiva y áspero.

—¿De qué estás hablando? ¡No tengo ningún problema con él! Lo perdoné hace años.

Ella mantuvo su posición, aun cuando yo estaba rechazándola.

—¿Sabes cómo actúas cuando tu papá llama? Pones el teléfono como a veinte centímetros de tu oreja. Se te ve infeliz. Hablas lo menos posible. Ni siquiera te relacionas con él. Meramente lo toleras.

Y luego dejó caer la bomba:

—Pienso que debes perdonar a tu papá.

¡Hablando de arruinar una tarde de descanso dominical! Estábamos pasándola muy bien, y ella lo arruinó con lo que todo hombre detesta: consejo gratis no solicitado.

Pero, por supuesto, ella tenía razón. Dios me ha bendecido con una mujer que me conoce al derecho y al revés, y tiene el discernimiento de saber cuándo algo anda mal.

Más tarde esa noche, todavía retorciéndome por dentro le pregunté a Dios: «¿Estabas tratando de decirme algo hoy por medio de Ann?».

Pienso que Dios estaba casi poniendo en blanco sus ojos mientras gentilmente respondía a mi corazón: «Sí».

«Está bien», respondí, «lo llamaré el próximo domingo».

Al día siguiente un amigo me dijo que yo debía leer un libro que él acababa de leer: *Forgive and Forget* [Perdona y olvida] de Lewis Smedes. Me dijo que había pensado en mí mientras lo leía. Ah, era como si todos los que me conocían bien y se preocupaban por mí ya supieran de mi problema de no haber perdonado a mi papá. ¿Cómo es que yo no lo había notado? Eso en realidad no importaba; la dádiva de Dios para ayudarme a verlo me estaba siendo ofrecida mediante la sinceridad y el amor de mi esposa y mis amigos de verdad.

Leí el libro varias veces y, literalmente, transformó mi vida. Una cita en particular ejerció un profundo impacto en mí. «Perdonar», escribe Smedes, es «poner en libertad a un preso, pero descubrirás que el preso real eras tú mismo».[*] Esa era una descripción perfecta de mi vida. Estuve veinte años prisionero de la amargura, el resentimiento y la ira crónica.

Me encantaría poder decirle que esos momentos esclarecedores condujeron a una solución instantánea del asunto, pero la verdad es que me llevó cuatro años poder finalmente perdonar por completo a mi papá. Así de largo fue el tiempo que le llevó a Dios restaurar mi corazón; y continuó haciéndolo por la sabiduría de su Palabra, la obra de su Espíritu y la disposición de los suyos para «entrometerse» en mi vida con amor y verdad. Era una herida que había tenido en mi puño por más de treinta años, pero Dios lentamente abrió mis manos y mi corazón para perdonar.

Después de ese proceso los Detroit Lions tenían un viaje a Tampa, en donde vivía mi papá. Como capellán del equipo, volé con ellos e invité a mi padre a que se quedara en el hotel del equipo la noche antes del partido. Al día siguiente fuimos al estadio en su coche y finalmente dije lo que tenía que decir. «Papá, tengo que decirte algo.

---

[*] Lewis B. Smedes, *Forgive and Forget: Healing the Hurts We Don't Deserve* (1984; reimpr., San Francisco: HarperSanFrancisco, 1996), p. 133.

No puedo recordar haberte dicho esto alguna vez. Te amo... y te perdono».

El tiempo pareció detenerse.

El coche se llenó de un silencio mortal mientras yo examinaba su cara esperando una respuesta. Él parecía desconcertado. Ni siquiera sabía por qué lo estaba perdonando. ¿No es eso a la vez trágico y asombroso? Al fin dijo, en voz baja: «Gracias... yo también te amo».

Yo tenía treinta y dos años, y acababa de oír a mi papá decir «te amo» por primera vez. A menudo digo que me convertí en hombre a los treinta y dos años; y no sucedió sino cuando perdoné a mi papá como Cristo me había perdonado. Este proceso finalmente me hizo libre de la ira crónica que había albergado por años. Todos esos años en que yo pensaba que había sacado a mi papá de mi vida, era yo el que estaba encerrado. El día en que perdoné a mi papá fue el mismo en que fui hecho libre para convertirme en el esposo, padre y hombre que Dios había ideado cuando me creó.

Varios años después oficié el funeral de mi papá. Al estar de pie y mirar su ataúd, agradecí mucho a Dios, que había hecho una cirugía espiritual en mi corazón. Yo era libre y, en realidad, sentía amor por ese hombre hacia el cual había albergado amargura por décadas.

El proceso de confrontar y sanar la ira profunda requiere tiempo, dedicación, ayuda de asesores calificados, y una disposición para confiar y seguir a Dios. Gracias a Él porque me libertó de la ira crónica; y puede hacer lo mismo por usted.

Capítulo 8

CIÉRRELA,
simplemente

Recuerdo haber ido a la cocina una noche. Ann empezó a decirme lo difícil que había sido su día. Los muchachos habían estado fuera de control y desobedientes. Yo pasé todo el día fuera y la casa estaba echa un caos. Su itinerario había sido caótico… y así por el estilo. La detuve a mitad de una frase y le dije que volvería en un momento. Corrí a mi oficina en el piso de arriba por unos momentos y volví con una nota para que Ann la leyera, algo que en realidad pensaba que podría ayudarla.

Ella pareció complacida y emocionada cuando le entregué lo que acababa de escribir para ella. En realidad, pensó que era una carta que hablaba de cuánto la amaba y cómo apreciaba todo lo que hacía por nuestra familia. Cuando, al leer en voz alta la frase inicial, su sonrisa desapareció y el ceño se le frunció. Decía: «Diez cosas que te ayudarán a organizarte mejor… 1: Empieza cada día con un plan escrito».

Sí, en realidad escribí eso. Ya puede imaginarse cómo terminó *ese* momento.

Fui muy ingenuo —o, debería decir, tonto— al pensar que eso era lo que Ann en realidad quería de mí: que la ayudara a arreglar su problema. ¿Cómo pude ser tan tonto? Ella literalmente hizo trizas la nota y me la lanzó a la cara. Al instante grité: «Esos consejos vienen de Dios. ¡Oré antes de escribirte eso!». Sobra decir que ella sabía mejor que yo exactamente de dónde venían esos consejos; y no eran de Dios. Eran de un esposo que no tenía ni idea de que su esposa simplemente quería que su hombre cerrara la boca y escuchara.

Cuando cerramos nuestros labios lo suficiente como para verdaderamente oír lo que nuestro cónyuge está diciendo, podemos empezar a oír lo que se dice tras las palabras.

Dos orejas y una boca

En su carta Santiago nos dice: «Mis queridos hermanos, tengan presente esto: Todos deben estar listos para escuchar, y ser lentos para hablar y para enojarse» (1.19). Si alguna vez ha oído a dos personas discutiendo, sabe cuán revolucionarias son estas palabras. Cuando intervenimos en un conflicto, por lo general exteriorizamos las cualidades exactamente opuestas: nos volvemos *lentos para escuchar, rápidos para hablar, y rápidos para enojarnos*.

Aunque se ha señalado antes, voy a decirlo de nuevo: tenemos dos orejas y una boca. Recordar esta proporción puede revolucionar los momentos de conflicto, si escucháramos el doble de lo que hablamos. Pero, más bien, somos más proclives a pensar en cuanto a nuestros propios argumentos, nuestras propias réplicas planeadas y nuestras propias refutaciones.

De hecho, el mandato bíblico de que seamos «lentos para hablar» es especialmente importante para los que tienen fuertes destrezas verbales. Solo porque usted *pueda* hablar más que su cónyuge en una pelea, no quiere decir que *deba* hacerlo. Su superioridad verbal no implica que tenga la razón. Puede ser la persona más ingeniosa de la habitación y, sin embargo, también la más necia. Tal vez por eso es que Proverbios 18.2 dice: «Al necio no le complace el discernimiento; tan solo hace alarde de su propia opinión».

Hay otra manera de parafrasear el mensaje de Santiago 1.19. ¿Está listo? Es esto: ¡Cierre la boca... *y escuche*!

Este consejo puede que no luzca muy delicado, pero es muy útil y altamente efectivo. Me induce a reconocer aquellos momentos cuando necesito apagar mi teléfono, apagar mi computador portátil, apagar el televisor a fin de poder *en realidad* mirar a mi esposa a los ojos y *en realidad* escuchar lo que ella tiene que decir. Cuando realmente escucho en este nivel, por lo general aprendo que hay algo más profundo que ella está tratando de comunicar. Tal vez no lo diga a la perfección y tal vez incluso lo diga enojada. Pero si verdaderamente escucho, y le pido a Dios que me dé entendimiento y discernimiento, por lo general puedo descubrir la raíz real de la cuestión.

Como esposo joven, en verdad tuve que aprender (de nuevo, por la vía dura) cómo cerrar la boca. Tengo la tendencia de pensar que cuando Ann está hablando de algún problema o lucha, su deseo real es que yo lo arregle por ella. (Pienso que muchos de nosotros, los hombres, pensamos de esta manera).

¿Recuerda el episodio de nuestro décimo aniversario? ¿Recuerda cómo Dios me dijo que cerrara la boca y escuchara? Nuestro décimo aniversario fue cuando Dios me mostró cuán enrevesadas se habían vuelto mis prioridades. Y, tristemente, esa no era la primera vez que habíamos discutido en cuanto a mis prioridades. Por *años*, en realidad, nunca la escuché. Cuando ella decía: «Nunca estás en casa… me siento como si estuviera sola criando a nuestros hijos», yo pensaba que ella estaba necesitada y no apreciaba lo que yo hacía. ¿No tenía yo que trabajar y proveer para mi familia? ¿Por qué ella no apreciaba eso?

¿Puede ver cómo mis propios argumentos y conclusiones estaban ahogando las palabras de ella? Pero cuando cerré la boca y la escuché, empecé a discernir lo que en realidad ella estaba diciendo. Y, créame, me sentí muy necio por no haber podido oírlo en todos esos años.

Ella estaba diciendo: «Siento como que no soy una prioridad en tu vida», lo que la hacía sentir como que no la amaba. Estaba respondiendo por su herida y su cólera al no mostrarme respeto y, con el tiempo, la herida fue tan profunda que ella se cerró, perdiendo sus sentimientos por mí. Estábamos atrapados en lo que Emerson Eggerichs llama «Círculo loco». Como escribe en su libro *Amor y respeto,* la necesidad número uno de una mujer es sentirse apreciada y amada, y la necesidad número uno del hombre es sentirse respetado.* Si una mujer no siente que su esposo la ama, reacciona no mostrándole respeto. Entonces él responde a la falta de respeto no amándola.

Ann y yo estábamos atrapados en ese círculo vicioso y no pudimos romperlo sino hasta que finalmente empecé a cerrar la boca y a escuchar.

Por supuesto, no puede haber ninguna conversación o comunión verdadera sin que ambos escuchen y hablen de una manera que no sea un toma y dame. Ya sabemos que necesitamos ser «lentos para hablar». Pero, cuando viene el tiempo de hablar, ¿qué decimos?

Diga la verdad con amor

El apóstol Pablo escribe: «En cambio, hablaremos la verdad con amor y así creceremos en todo sentido hasta parecernos más y más a Cristo, quien es la cabeza de su cuerpo, que es la iglesia» (Efesios 4.15, NTV). Este pasaje nos dice que aprender a hablar la verdad con amor es una parte importante en el proceso de madurar para llegar a ser semejantes a Jesucristo. Y no hay mejor manera de practicar esta disciplina que en la relación más íntima de todas: el matrimonio.

A menudo pasamos por alto esta verdad significativa, escogiendo más bien desplazarla con otras cosas que de alguna manera suponemos que a la larga promoverán la madurez en su lugar. Asistir a la iglesia todas las semanas. Leer la Biblia y orar todos los días. Unirnos a un grupo pequeño. Por supuesto, como pastor, respaldo cada una de esas disciplinas. Son buenas y muy buenas para usted. Sin embargo, no pueden tomar el lugar de hablar la verdad con amor como senda a la madurez espiritual y relacional.

---

* Emerson Eggerichs, *Amor y respeto* (Nashville: Grupo Nelson, 2011), p. 6.

Aprender a equilibrar la verdad y el amor es un proceso de aprendizaje de toda la vida. Por un lado, algunos venimos programados como «amadores». Los amadores a menudo tienen dificultades para decirles la verdad a los demás, sobre todo porque no quieren lastimarlos. Por otro lado, algunos de nosotros estamos programados como «habladores de la verdad». Estos se sienten como si tuvieran un mandato del Dios Altísimo para decirles a todos la verdad, incluso a personas que no conocen, o a quienes no quieren oírla.

Cualesquiera sean las tendencias predeterminadas de su personalidad, si usted quiere resolver el conflicto en el matrimonio (o en cualquier relación personal), en algún momento tiene que hablar sobre la causa de ese conflicto. Esto incluye decir la verdad. Sin embargo, si no se empaca bien esa verdad, probablemente no se la recibirá bien.

Pero si se la empaca con amor, su cónyuge puede oírla más fácilmente.

Con el correr de los años hemos tenido una buena porción de conflictos que revelaban verdad, pero esa verdad a menudo afloraba como una explosión, disparada con un espíritu de ira, frustración e incluso venganza. Nos hemos gritado el uno al otro. Hemos sido sarcásticos mutuamente. Y, ¿sabe?

¡Nunca funciona!

Cuando tratamos de hablar con la verdad en una situación, surge una enorme tentación a ser parciales y ver las cosas solo a nuestra manera. Todas las parejas casadas sufren de «visión selectiva»; parece que no podemos ver nuestras propias faltas, por grandes que pudieran ser. Pero, recórcholis, podemos ver fácilmente los puntos débiles de nuestro cónyuge, por pequeños que sean.

Así que, ¿cómo hablar la verdad con amor? A continuación tenemos unas pocas sugerencias bíblicas.

1. Concéntrese en animar a su cónyuge en lugar de atacarle. Si su meta es poner a su cónyuge de espaldas contra la lona y obligarlo a admitir que se ha equivocado, no avanzará gran cosa. Tales intenciones y acciones son lo opuesto a hablar la verdad con amor.

El apóstol Pablo nos recuerda: «anímense y edifíquense unos a otros» (1 Tesalonicenses 5.11, RVC). Es difícil animar a alguien cuando uno enfoca solo los peores componentes de su personalidad o sus hábitos. Uno acaba viendo solo lo que está buscando en lugar de ver a la otra persona completa. Trate de tomar nota de lo que su esposa o esposo está haciendo bien y cómo está madurando. Infunda vida con sus palabras. Apele no solo a la mujer o al hombre que es ahora, sino también a la mujer y al hombre que está llegando a ser.

2. Use la gracia con su cónyuge. El apóstol Pablo también escribe: «Sea vuestra palabra siempre con gracia» (Colosenses 4.6, RVR1960). Sea misericordioso y compasivo, aun cuando su cónyuge esté equivocado. Muéstrele a su cónyuge el tipo de gracia que Dios constantemente le está mostrando a usted. Esto es la esencia del evangelio, lo que también significa que es la clave para la fortaleza y la longevidad en toda relación personal, incluido el matrimonio.

3. Aplique a su hablar el «capítulo del amor». La famosa Carta del apóstol Pablo a los Corintios describe cómo se ve el amor en realidad: «El amor es paciente, es bondadoso. El amor no es envidioso ni jactancioso ni orgulloso. No se comporta con rudeza, no es egoísta, no se enoja fácilmente, no guarda rencor. El amor no se deleita en la maldad, sino que se regocija con la verdad. Todo lo disculpa, todo lo cree, todo lo espera, todo lo soporta. El amor jamás se extingue, mientras que el don de profecía cesará, el de lenguas será silenciado y el de conocimiento desaparecerá» (1 Corintios 13.4-8).

Es demasiado fácil permitir que estas palabras conocidas nos pasen por encima. Nos encanta la belleza de la forma en que suenan durante una ceremonia de bodas, pero a menudo acaban significando muy poco para nosotros en la práctica. En vez de solo admirarlas, trate de aplicar estas descripciones a sus conversaciones reales.

Cuando hablo con mi cónyuge, ¿soy paciente y bondadoso? ¿Me pongo envidioso? ¿Me jacto de que mi manera es la correcta al punto de volverme arrogante o grosero? ¿Soy irritable o rencoroso, incluso hallando razones para regocijarme por las trastadas de mi

cónyuge porque eso me da una ventaja? ¿O más bien me regocijo
con la verdad? ¿En realidad procuro en mi matrimonio creerlo todo,
esperarlo todo y soportarlo todo? Cuando hablo con mi cónyuge,
¿sabe él o ella que mi amor por él o ella es como el amor de Dios
por mí: que nunca deja de ser?

La escritora Shaunti Feldhahn descubrió en su investigación
que «una de las razones por las que en los matrimonios altamente
felices disfrutan de esa felicidad es que valoran la amabilidad más
que decir las cosas tal como son. En vez de permitir que sus conversaciones estén sazonadas con sinceridad brutal, estas parejas
escogen seguir el consejo del apóstol Pablo a la iglesia en la antigua
ciudad de Colosas: "Que su conversación sea siempre con gracia"».
Entienden el poder de las palabras para destruir y que en ninguna
parte este poder tiene que estar más controlado que en la relación
personal que más nos importa».*

Recuerde que su relación personal es más importante que ganar
la discusión. Si usted habla la verdad con amor durante un conflicto,
en algún momento tendrá que decirle a su cónyuge algunas cosas
que son difíciles de oír. Pero si sus palabras están sazonadas con
estímulo, gracia y amor, sus palabras ejercerán el impacto maduro y
constructivo que verdaderamente desea que tengan.

Hierro con hierro se aguza

Por supuesto, el otro lado de *hablar* la verdad es *oír* la verdad. La
verdad actúa mejor cuando se la recibe bien. Y sí, lo sé; a veces es
muy difícil de oír.

En *Creativity, Inc.*, Ed Catmull, presidente de Pixar, describe
la historia de la compañía y detalla el proceso de su increíble serie
de películas exitosas. Temprano en el proceso de producción, dice
Catmull, cada una de sus películas era terrible. Pero desarrollaron
un método en el cual cada película era desbaratada por lo que ellos

---

* Shaunti Feldhahn, *The Surprising Secrets of Highly Happy Marriages: The Little
Things That Make a Big Difference* (Colorado Springs: Multnomah, 2013), pp. 165-66.

apodaron el empuje cerebral: que consistía en un grupo de colegas experimentados de Pixar que criticaban la obra con absoluto candor. A veces era difícil oír, pero ese nivel de sinceridad total, sin cortapisas, les ayudó a moldear esas películas en las extraordinarias obras de arte que con el tiempo llegarían a ser.*

Cuando leí acerca de ese proceso por primera vez, pensé en mi propia vida. Me di cuenta de que yo estaba en una película mala; igual que cada uno de nosotros. Somos pecadores... quebrantados y separados de Dios. Si no permitimos que alguien venga y nos ofrezca absoluto candor —si nos negamos a oírles hablarnos la verdad con amor— nunca maduraremos; nunca experimentaremos todo lo que Dios con tanta gracia desea para nosotros durante nuestra permanencia en este planeta.

El poder del candor sincero y amoroso es la esencia de la verdad que se halla en Proverbios: «El hierro se afila con el hierro, y el hombre en el trato con el hombre» (27.17). En ninguna otra parte este principio resuena con mayor verdad que en las realidades relacionales del matrimonio. Dios usa a su cónyuge para afilarlo o aguzarlo a usted; para ayudarle a crecer y a madurar. Si usted nunca ve y acepta la verdad —es decir, si usted nunca se permite oírla de su cónyuge y más bien siempre escoge cerrarse y ponerse a la defensiva— nunca verá la plenitud de lo que Dios puede hacer en su vida.

Sin embargo, si tiene la valentía de escuchar la verdad, usted crecerá para entender en qué necesita trabajar para cambiar y qué debe entregarle a Dios para que lo cambie. Conforme usted permita que lo afile el cónyuge que Cristo le ha dado, crecerá más y será más semejante a aquel que le dio ese esposo o esposa, para empezar; lo que a su vez lleva a su matrimonio a las alturas de sinceridad, madurez e intimidad que nunca ha tenido.

---

* Ed Catmull, *Creativity, Inc.: Overcoming the Unseen Forces That Stand in the Way of True Inspiration* (Nueva York: Random House, 2014); véase Ed Catmull, «Inside the Pixar Braintrust» («Dentro del empuje cerebral de Pixar»), *Fast Company*, 12 marzo 2014, www.fastcompany.com/3027135/inside-the-pixar-braintrust.

Palabras transformadoras

Un relato final sobre el poder de oír y hablar la verdad con amor. Nunca olvidaré un momento, hace pocos años, cuando Ann me dijo unas cuantas palabras duras, aunque verdaderas. No escogió el mejor tiempo, pero sus palabras en verdad eran transformadoras. La conversación tuvo lugar en un momento de un domingo por la noche, como a las once y media. Ese día había predicado cuatro veces y me fui a la cama completamente exhausto.

Ann y yo elevamos una breve oración. Yo estaba como a diez segundos del mundo de los sueños cuando oí estas palabras:

—A veces quisiera que el hombre que predica y dirige nuestra iglesia fuera el mismo en nuestra casa. —Puesto que estaba casi dormido, no estaba seguro de que había oído bien, así que me di la vuelta y dije:

—¿Qué fue lo que dijiste? —ella repitió las palabras... literalmente. Esta vez las oí fuerte y claro. Sinceramente no podía creer que estábamos en *esa* dirección a esa hora, pero no había cómo detenerlo.

Le pedí aclaración. Ann dijo:

—Eres un líder muy fuerte que se para en esa plataforma semana tras semana y nos dirige espiritualmente con poder y gracia. Oras con un fervor que inspira —esa parte me hizo sentir bastante bien, pero percibía que una bomba estaba a punto de caer. Entonces ella continuó—, pero no eres ese mismo hombre en casa. Aquí a menudo pareces pasivo espiritualmente, por lo que siento como que no quieres dirigirme para nada. Anhelo que seas aquí el hombre que eres en la iglesia.

Pum... directo al blanco.

Tengo que admitir que Ann envolvió esa verdad con amor, diciéndola con gracia y ternura. Pero también tengo que reconocer que yo no la recibí con gracia ni ternura. A decir verdad, exploté, diciendo algo como:

—No sabes lo bueno que tienes. ¡Soy el mejor esposo que conozco, y te dirijo mejor que cualquier otro hombre en el planeta! —pues bien, tal vez no haya dicho el planeta, pero definitivamente lo exageré un ápice. Y luego añadí otro comentario supermaduro—: No quiero hablar de eso esta noche. Estoy agotado por ese trabajo espiritual tan fuerte de hoy, ¡y me voy a dormir! —y eso fue todo.

A la mañana siguiente me desperté para hallar que la dura verdad que me fue dicha la noche anterior todavía estaba ahí, mirándome de frente. Me fui a mi oficina, me puse de rodillas y le pregunté a Dios que si lo que Ann había dicho era verdad. Y usted probablemente ya ha adivinado lo que oí. Sí, Dios confirmó cada una de esas palabras. (¡Y detesto cuando Ann tiene razón!).

Así que ahora yo tenía que lidiar con esa verdad que me fue dicha con amor. ¿Iba yo a permanecer a la defensiva y negarme a crecer, o iba a recibir esta verdad como si hubiera venido de Dios, y convertirme en el hombre y esposo que mi esposa merecía y anhelaba?

Me llevó algún tiempo, pero llegué a agradecer que Ann tuviera la valentía de decirme una verdad tan dura; porque Dios usó eso para cambiarme. Era tiempo de subir. Eso es lo que los hombres hacen: suben para llegar a ser los hombres que Dios por su poder nos ha llamado a ser. No puedo decir que nunca más retrocedí a la holgazanería y pasividad como esposo, pero sí que esta verdad me transformó, y estoy eternamente agradecido a mi esposa porque tuvo la valentía de decirla.

Eso *es* amor.

Capítulo 9

DERRIBE

esa pared

Cuando nuestro hijo mayor, C. J., tenía trece años, él y yo (Ann) tuvimos una gran pelea. Me hizo enojar tanto que estallé y procedí a castigarlo prohibiéndole salir de casa. Pero cuando mis emociones empezaron a calmarse, sentí remordimiento por la severidad de mi respuesta. Al llevarlo a clases, decidí pedirle disculpas.

—C. J., en realidad lo lamento —dije—. En verdad me desquité contigo y eso no es correcto. Te pido disculpas. Probemos de nuevo. ¿Puedes tratar de decirme qué está pasando por tu cabeza en este momento?

Enfurecido y huraño, simplemente se quedó sentado con sus brazos cruzados sobre el pecho. Me miró, pero no dijo nada. Yo estaba muy familiarizada con eso; sí, me hizo recordar a su padre.

—Está bien, no hagas nada —dije en calma—. En realidad, hablemos al respecto».

Pero el tratamiento del silencio continuó hasta que llegamos al colegio. —No te bajes del auto mientras no tengamos por lo menos algo solucionado —dije. Él me miró, abrió la puerta, se bajó y entró al edificio.

¡Ahora la enfadada era yo! Estaba tan furiosa que consideré seguirlo al edificio, pero decidí no hacerlo; aunque eso hubiera hecho un relato más interesante. Más bien, me alejé pensando: *¡Esto es horroroso! Literalmente, no sé qué hacer.*

Podía haberme dado por vencida en ese momento; créame, y quería hacerlo. De hecho, ¿cuántas madres y padres no han hecho eso en aquellos momentos extremos cuando se siente completamente imposible que jamás surja una solución al conflicto con un hijo adolescente? Sentí cierta desesperanza por la situación, pero sabía que debía hacer algo más para alcanzarlo.

Es triste que a veces lo último en que pensemos sea en orar. Triste, pero cierto. Sea como sea, al fin volví a mis cabales y oré: «¡Dios, por favor ayúdame! El primer capítulo de Santiago dice que "Si a alguno de ustedes le falta sabiduría, pídasela a Dios, y él se la dará, pues Dios da a todos generosamente sin menospreciar a nadie"; así que Dios, *en realidad,* necesito tu sabiduría. *En realidad* necesito tu ayuda. No quiero que esto quede sin resolverse».

En ese momento, en verdad, creo que Dios me dio una idea. Me fui a casa y dibujé un cuadro: un crudo bosquejo de un hombre frente a una mujer y entre ellos, a sus pies, estaba un solo ladrillo. Entonces puse el dibujo sobre el escritorio de C. J. en su dormitorio. Más tarde, ese día, después que volvió de clases, bajó de nuevo las escaleras con el dibujo en la mano. Se veía perplejo.

—Mamá, ¿qué es esto? ¿Es esto tu nuevo intento artístico?

—Ah, qué bien, ¡acertaste! *Ese* dibujo describe lo que sucedió en nuestra relación esta mañana.

C. J. se quedó sin palabras, así que simplemente seguí, señalando la página.

—Esa mujer soy yo y el hombre eres tú. Y esa cosa, o caja, entre nosotros ahí se supone que es un ladrillo; el cual representa la pelea que tuvimos esta mañana. Está entre nosotros porque nuestra pelea sigue sin resolverse.

—Ya no estoy enfadado por nuestra pelea esta mañana, mamá —dijo entre dientes.

—Yo tampoco estoy enfadada por eso, pero el hecho de que nuestra cólera se haya calmado no significa que la pelea quede resuelta o que el ladrillo haya desaparecido. Sigue ahí... todavía no se ha resuelto. Y cada año, tu papá y yo vemos cientos de matrimonios y relaciones personales entre padres e hijos en las que hubo una gran pelea, pero no se habla al respecto. No la resuelven.

Podría decir que ya estaba escuchando.

—Y, ¿sabes lo que les sucede? —él se encogió de hombros—. C. J., tienen una pelea, y forman un ladrillo. Después tienen otra pelea y forman otro ladrillo.

Mientras hablaba, tomé un lápiz y empecé a dibujar un ladrillo tras otro, apilándolos. Ahora había una gran muralla de muchos ladrillos entre las dos figuras.

—Después de un tiempo —continué—, hay tantos ladrillos de problemas sin resolverse que parece que se ha formado una muralla insuperable, y pronto esas dos personas ya no pueden oírse entre sí, ni verse el uno al otro, y ni siquiera interactuar mutuamente. Están aislados, lastimados y enfadados; y es difícil para ellos hasta tener una buena conversación, mucho menos una buena relación personal.

Hice una pausa para permitir que la imagen cobrara forma en su mente.

—No quiero que eso suceda entre nosotros. ¿Y tú?

—No, no quiero eso —dijo solemnemente.

—Así que, hablemos de cómo librarnos del ladrillo que formamos hoy.

Él convino y yo le expliqué lo que estaba pasando por mi cabeza cuando estábamos peleando, y también por qué me enfadé y me sentí herida.

—¿Qué es lo que *tú* estabas pensando? —pregunté.

Me dijo lo que pensó; todo lo bien que un adolescente puede hacerlo. Pedí disculpas por gritarle y lastimarlo. Él hizo lo mismo conmigo. Luego oramos juntos. Después, tomé mi lápiz y borré todos los ladrillos del dibujo.

—No hagamos más ladrillos; mucho menos una muralla, en nuestra relación.

La búsqueda proactiva para resolver conflictos

Tal vez sea el hecho de que los padres de Dave se divorciaron cuando él tenía solo siete años. O que hemos estado hablando sobre el tema del matrimonio por toda la nación por tantos años. O quizás es simplemente que eso se ha convertido en la colina en que moriremos o que nuestro matrimonio casi se ha muerto en ella tantas veces. Sea cual sea la razón, la solución de conflictos es una prioridad alta para Dave y para mí. Hemos aprendido a la fuerza que durante un conflicto, *ambos* debemos procurar la solución. En vez de arrojarnos ladrillos verbales o usar ladrillos de resentimiento para edificar un muro, necesitamos tomar cada ladrillo de cada conflicto y resolver el asunto.

Pero, no se equivoque, la prioridad no es simplemente la «solución», sino más bien «la búsqueda proactiva» de solucionar el conflicto *a todo costo*. Tal vez simplemente hemos conocido a demasiadas personas que, por cualquiera que sea la razón, fallan al no buscar o hallar este tipo de solución… y hemos visto cómo ese fracaso deja destrozados a sus matrimonios o hasta a ellas mismas. Cuando *ambas* partes ya no procuran la solución, las relaciones se van muriendo. Hay una urgencia en nuestros corazones por este asunto porque hemos presenciado demasiados matrimonios perecer como resultado de que una pareja deja de buscar *mutua* y *ardientemente* la solución.

Como ya dije, temprano en nuestro matrimonio Dave evadía el conflicto. Mejor dicho, ¡lo detestaba! Cuando estallaba una pelea, como siempre sucede en los matrimonios, su solución siempre era simplemente salir de la habitación y dejarme sola para que lidiara con la secuela. Nuestro conflicto a menudo permanecía sin resolverse por días e incluso meses, lo que llevaba a más ira y frustración.

Esa ira, con el tiempo, se establece como el cemento en nuestro corazón en forma de amargura. La amargura envenena el matrimonio; sobre todo cuando se deja que se encone por un período de años. Tal vez usted pueda identificarse con eso o quizás no, pero muchas parejas se sienten aisladas del otro simplemente debido a algún conflicto que dejaron sin resolver hace décadas.

A menudo los conflictos matrimoniales nunca hallan solución debido a que ambas partes sienten que el otro tiene la culpa. Lo último que un matrimonio necesita es que las *almas gemelas* lleguen a un *punto muerto*. Usted sabe cómo son las cosas. Los dos esperan que el otro dé el primer paso. Es como un concurso de clavar la mirada entre adultos, pero sin ganadores.

Tal metodología para hallar solución no es manera de vivir y casi garantiza que el matrimonio sufrirá. Más bien, cada cónyuge debe hacer lo mejor que pueda personalmente para adoptar esa actitud en momentos o asuntos de conflicto: «No importa quién tenga la culpa aquí, yo voy a tomar la iniciativa que nos lleve hacia a la solución».

Cuando dos personas toman la iniciativa de avanzar hacia la misma meta, esta meta se alcanzará dos veces más fácil y en la mitad del tiempo; aun cuando sea superdura.

Es interesante notar las muchas maneras, variadas y singulares, en que las Escrituras nos llevan a ser proactivos cuando se trata de resolver el conflicto. Se nos dice: «Procuren vivir en paz con todos» (Hebreos 12.14, RVC), que debemos ser «prontos para oír» (Santiago 1.19), y que siempre debemos «hablar la verdad en amor» (Efesios 4.15, NBLH). *Procurar. Ser prontos. Hablar.* Estos son imperativos que nos conducen a la acción, no conceptos pasivos que admirar de lejos.

Mateo lo lleva incluso más lejos: «Por tanto, si traes tu ofrenda al altar, y allí te acuerdas de que tu hermano tiene algo contra ti, deja allí tu ofrenda delante del altar, y anda, reconcíliate primero con tu hermano, y entonces ven y presenta tu ofrenda» (Mateo 5.23, 24, RVC1960). Rara vez se oye predicar sobre esto en una iglesia, porque la mayoría de los pastores preferirían que usted se *quede* y dé su dinero antes que *vaya* y trabaje para resolver el conflicto.

Pero no es así con Jesús. Él valora la reconciliación en las relaciones personales como una de las prioridades más altas. Sin que importe lo que requiera, vaya ahora y corrija las cosas. No espere a que su cónyuge actúe; dé usted el paso… ¡ahora!

¡Qué asombroso vislumbre, pero tan a menudo soslayado, de la manera en que Dios se siente en cuanto al conflicto sin resolverse en nuestras vidas! Sí, hay momentos para enfriarse, pero nunca deben llegar a ser el punto final de la conversación. Enfriarse debe ser con el propósito de abordar mejor a la otra persona en el proceso de buscar solución juntos. Todo matrimonio tiene momentos cuando un cónyuge ofende al otro. La *ofensa* es un acto, pero quedarse *ofendido* es una decisión. Debemos decidir avanzar para la solución de esa ofensa.

Contrario a la creencia popular, ignorar el conflicto no hace que desaparezca; lo empeora. Ignorar el conflicto es como subirle el volumen al radio en el coche a fin de no oír ese fastidioso ruido que sale del motor. Siga unos pocos kilómetros y el ruido será el menor de sus problemas.

Esta es una verdad inmutable respecto a las relaciones personales: *Cuando se trata de conflicto, nada es peor que no hacer nada.*

Es como dice el viejo refrán: «Si no le apuntas a nada, siempre darás en el blanco». Pero cuando ustedes se abren paso entre el conflicto con el propósito de resolverlo colectivamente, saldrán más fuertes y mejores; e incluso más enamorados que antes. La intimidad y la confianza no aparecen simplemente sobre las cumbres de las montañas de nuestros momentos más fáciles. También se forjan en las desconocidas tinieblas de aquellos valles que escogemos atravesar juntos, aunque sería más fácil evadirlos.

Los buenos matrimonios a veces lo consultan con la almohada

Usted tal vez esté preguntando: *¿Acaso la Biblia no dice que no debemos permitir que el sol se ponga sobre nuestro enojo?* —referencia a las palabras de Pablo en su carta a los Efesios: «Si se enojan, no pequen». No permitan que el enojo les dure hasta la puesta del sol, ni den cabida al diablo» (4.26, 27).

Sin embargo, este pasaje a menudo se entiende mal. Al principio de nuestro matrimonio, pensábamos que era una instrucción clara de que no nos vayamos a la cama si tenemos un conflicto sin resolver. En algunas ocasiones, nos quedamos despiertos hasta las dos o tres de la madrugada. Recuerdo haberle gritado a Dave mientras él cabeceaba:

—¿Cómo puedes quedarte dormido? ¡No te importa nuestra relación!

Mi agotado esposo respondía:

—En realidad sí, pero tengo demasiado sueño.

—Pero tenemos que arreglar esto. ¡La Biblia dice que tenemos que resolver esto antes de irnos a dormir!

Como usted puede imaginarse, esas peleas en la madrugada rara vez terminaban bien. Pero al examinar más de cerca este pasaje, hemos llegado a darnos cuenta de que no se debe tomar al pie de la letra. El apóstol Pablo está hablando aquí de la necesidad de resolver el conflicto rápidamente, pero no está fijando una fecha límite. Incluso recuerdo una vez cuando Dave me dijo al principio de una pelea que habíamos empezado poco antes de la hora de irnos a la cama: «Este asunto de "resolverlo antes de que se ponga el sol" no puede ser literal; el sol se puso ya hace muchas horas, y nosotros apenas acabamos de empezar la pelea. ¡Nos va muy bien! ¡Tenemos hasta mañana por la noche para resolver esto!».

No, el principio aquí es que no debemos permitir que nuestros conflictos permanezcan por días y semanas. Debemos resolverlos rápidamente.

A veces ayuda tomarse un receso antes de hablar de nuevo, simplemente para darse tiempo con el objeto de procesar lo que está pasando. Consúltelo con la almohada; es posible que toda su perspectiva cambie. Un poco de espacio y descanso puede ayudarle a darse cuenta de qué fue lo que llevó al conflicto, para empezar, así como también su papel en el mismo. Usted tal vez se dé cuenta de que lo que parecía ser un problema serio ayer se ve mucho más pequeño a la luz del sol de la mañana.

En efecto, han habido ocasiones cuando le he preguntado a Dave en medio de una pelea qué es lo que estaba sintiendo en ese momento preciso. Me enloquecía cuando respondía con algo como: «Sinceramente, no lo sé». Pensé que estaba simplemente tratando de evadir el conflicto otra vez. Pero, a la mañana siguiente, él venía y me decía: «Oye, he tenido un tiempo para pensar y ahora sé qué es lo que estaba sintiendo en nuestro conflicto anoche». He aprendido con los años que Dave simplemente necesita tiempo para procesarlo. Él estaba manteniéndose callado la noche anterior porque no quería desatarse en cólera cuando en realidad ni siquiera sabía completamente por qué estaba enfadado, para empezar. Consultarlo con la almohada fue realmente lo mejor para nosotros a fin de que pudiésemos alcanzar una solución.

Pero ahora, recuerde que si usted toma un receso, necesita asegurarse de fijar un tiempo para hablar al respecto al día siguiente. No permita que se le escurra, ni permita que se escape.

Use palabras suaves para impedir que el conflicto crezca

Tómese un momento y medite en las peores peleas que ha tenido con el correr de los años: con su cónyuge, sus padres o con sus amigos. Si usted es padre o madre, piense en las peleas que ha presenciado entre sus hijos. ¿No es demasiado fácil que una pelea crezca? Se intercambian acusaciones, el acaloramiento sube y las voces pasan de estruendosas a ensordecedoras.

Las cosas pueden salirse de control antes de que uno sepa qué lo golpeó; y después de eso, es difícil detener un tren que avanza a toda velocidad sobre los rieles.

Sin embargo, Dios no nos ha dejado solos ante el proverbial descarrilamiento ferroviario que nuestros matrimonios y familias llegan a tener cuando los momentos de ira se desenfrenan: «La blanda

respuesta quita la ira; mas la palabra áspera hace subir el furor»
(Proverbios 15.1, RVR1960). Estas son algunas de las palabras más
reconocibles que se hallan en las Escrituras, tal vez tan reconocibles
que subconscientemente las descartamos como simple retórica. *Ah,
por supuesto que hablar con suavidad nos ayudará a evitar discu-
siones. El problema es que cuando estoy así de enfadado, ¡no quiero
hablar con suavidad!*

No obstante, la verdad de este pasaje es mucho más profunda
que lo que a menudo le acreditamos. Las palabras ásperas en efecto
hacen subir el furor, así que para evitar la inevitable espiral ascenden-
te, alguien tiene que prácticamente decir: «Voy a pisar de puntillas
aquí. No voy a levantar mi voz. Voy a permanecer en calma, sin
encolerizarme».

Pueda que *se sienta* imposible controlar las emociones en una
discusión, pero eso no lo hace verdad. *Es* posible, y mientras más
rápido creamos correctamente que lo es —como la Palabra de Dios
nos ha mostrado—, que hagamos espacio más rápido para crecer en
este asunto. Este es uno de aquellos momentos en los cuales puede
pedirle a Dios que haga en su situación lo que usted jamás podrá
hacer por sus propias fuerzas. Con la ayuda de Dios usted puede
controlar su lengua.

Hace años uno de los faros del auto se quemó. Cuando dejó de
funcionar, acababan de pedirme que dictara una conferencia como
un mes más tarde, así que le pregunté a Dave si podía reemplazar el
faro antes de viajar.

—Seguro —me dijo—. Lo haré antes de tu viaje.

Pasó una semana. Luego dos. Cada semana, le preguntaba a
Dave de nuevo:

—¿Cambiaste ya ese faro?

—No, pero lo haré —respondía cada vez. Eso sucedió hasta el
mismo día antes de que tenía que salir para la conferencia. Algo
irritada, le pregunté de nuevo al respecto y él dijo:

—Tengo una reunión esta mañana, pero al volver a casa, arre-
glaré ese faro, y entonces podrás irte. No lo olvidaré.

El día de mi viaje, él se estacionó en la entrada del garaje un poco tarde. Yo ya había puesto mi maleta en el baúl del coche. Feliz de verlo antes de salir, le di un beso y me preparé para embarcarme para el aeropuerto. Antes de salir, algo dentro de mí me impulsó a verificarlo otra vez, así que le pregunte:

—Arreglaste el faro, ¿verdad?

En cámara lenta, una expresión de pánico absoluto apareció en su cara. Ya puede imaginarse lo enojada que me puse.

—¡Tuviste un *mes* para cambiar ese faro!

Ahora él se devanaba los sesos, tratando de figurarse una manera de reparar más que el faro.

—Está bien, ¡voy a hacerlo ahora mismo! Te seguiré al almacén —dijo frustrado.

—¡No! —le grité—. ¡Es demasiado tarde!

Cerré la puerta de un golpe y, mientras aceleraba, pude oír a Dave gritándoles a los muchachos que se subieran a la furgoneta. Lo último que vi fue a Dave empujando a C. J., Austin y Cody en la camioneta; cerrando la puerta; y olvidándose incluso de poner a Cody en el asiento infantil. Esperaba dentro de mí misma que uno de los chicos mayores abrocharía sus correas.

«¡Es un esposo y un papá negligente!», refunfuñé encolerizada mientras aceleraba por la calle.

En esos momentos conducía crispando los puños en el volante totalmente furiosa. Mentalmente empecé a hacer una lista de todas las razones por la que yo era tan buena esposa y por las que Dave, obviamente, no me lo retribuía con amor

Le dejé a él y a los chicos un refrigerador lleno de comida que podían servirse mientras yo estaba de viaje. Almacené ese pensamiento negativo muy adentro.

Incluso puse notas bíblicas por toda la casa para animarle.

Otro horrible pensamiento que envolví y enterré muy adentro.

¿Qué hizo él por mí? ¡Nada! Yo soy tan buena esposa, pero, ¿alguna vez piensa él en mí? Yo soy su última prioridad. No le importo.

Tomé todos estos pensamientos —y más— y los sepulté en mi corazón para que germinaran y crecieran... y posiblemente para usarlos como municiones más adelante. Yo tenía razón y él estaba equivocado. Se siente tan bien tener la razón; quería sentarme unos cuantos minutos en mi propia santurronería y dejar que mi cólera se enconara.

Lo único peor que la *hipnosis de carretera* es la *hipnosis hipotética*; y yo estaba experimentando ambas cosas. Mentalmente estaba descargando sobre Dave mi enojo, e incluso en los recesos de mis pensamientos las cosas estaban saliéndose de control. Fue uno de esos momentos cuando supe que Dios estaba tratando de decir una palabra en medio de toda la perorata que mi cerebro estaba haciendo, pero en realidad no quería escuchar. Así que encendí la radio, ¡a todo volumen!

Pude percibir que Dios me decía: «Olvídate de eso y entrégamelo».

¡No! ¡No quería hacerlo! Así que le dije a Dios: «Siento como que Dave ni siquiera me ve. No le intereso. No me ama. ¡No soy una prioridad para él!». Pero mientras yo trataba de resistir la invitación de Dios para que le entregara aquello, acabé ventilando todos mis sentimientos ante Él.

Nos estacionamos frente a un almacén y Dave corrió para comprar un nuevo faro.

Mientras estaba sentada allí esperándolo, me di cuenta de que tenía una alternativa. Bien podría encararle esa ofensa —esta herida— y usarla como munición más tarde cuando Dave y yo dolorosamente examináramos todo ese ridículo escenario después de que yo volviera de la conferencia. O podía entregárselo a Dios y pedirle la fuerza para hablar suavemente. Fue una decisión difícil, y yo sabía que si optaba por la cólera, el resultado sería doloroso, aun cuando yo tuviera la razón; que la tenía.

Esta manera de ganar de repente no me lucía nada triunfadora. Así que, más bien, elevé una oración breve, exasperada: «Señor, te lo entrego. Tú conoces mi corazón, sé que tú me amas, así que te lo entrego. Te entrego a Dave de nuevo. Ayúdame a ser la esposa que debo ser debido a que en estos mismos momentos, simplemente quiero lastimarlo».

A esas alturas, Dave había regresado y acababa de reemplazar el faro. Se acercó a la ventanilla del coche y dijo:

—Lo lamento. ¿Estás bien?

Podría decir que él esperaba que le soltara una andanada de cosas y con razón.

Pero pareció que Dios había escuchado mi oración frustrada porque, para mi sorpresa, simplemente respondí:

—Cariño, estoy bien.

Y con esas tres palabras blandas, un conflicto que bien podía haber escalado a proporciones épicas, más bien se desvaneció.

Sí, con el tiempo hablamos al respecto después de que volví de la conferencia, porque había obviamente asuntos de comunicación y seguimiento que teníamos que considerar y resolver, pero la situación no colgó sobre nuestras cabezas por el fin de semana como una nube tóxica.

A veces usar palabras blandas puede impedir que un dique roto inunde su matrimonio. Proverbios lo dice muy bien: «El que comienza la discordia es como quien suelta las aguas; deja, pues, la contienda, antes que se enrede» (17.14, RVR1960).

El poder de la lengua

Se dé cuenta o no, sus palabras son extraordinariamente poderosas: «La muerte y la vida están en poder de la lengua, y el que la ama comerá de sus frutos» (Proverbios 18.21, RVR1960). La Biblia también nos dice: «Ninguna palabra corrompida salga de vuestra boca, sino la que sea buena para la necesaria edificación, a fin de dar gracia a los oyentes» (Efesios 4.29, RVR1960).

Las palabras son los ladrillos de su matrimonio; para bien o para mal. Usted puede lanzar uno por una ventana y posiblemente enviar a alguien al hospital, o puede usarlo sabiamente para construir un puerto seguro en donde el gozo y la certeza rodeen a su matrimonio por todos lados. Con sus palabras, usted tiene el poder de destrozar a su cónyuge o darle vida, ánimo y gracia.

¿Recuerda el episodio de nuestro primer año de matrimonio cuando le dije a Dave: «Casarme contigo fue el peor error de mi vida»? La realidad es que la más grande equivocación de mi vida fue *decirle* esas palabras a Dave. ¿Puede imaginarse cuán devastador debe haber sido para él oír esas palabras de su joven esposa?

Ese ladrillo en particular fue peligroso, aunque Dave también ha lanzado los suyos por mi ventana. Así que, después de esa experiencia, Dave y yo establecimos una regla: prometimos nunca amenazarnos con el divorcio. Este no sería parte de nuestro vocabulario.

Hemos respetado esa regla con el correr de los años, pero debo admitir que ha sido más difícil de hacerlo en los momentos acalorados. Ese es el punto, sin embargo; tomamos la decisión antes de que las chispas empezaran a volar, a fin de no incendiar nuestra casa con nuestras palabras airadas.

Otra manera de ayudarse usted mismo para hablar palabras blandas cuando está en medio de un gran conflicto es optar por *creer lo mejor con respecto al otro en lugar de dar por sentado lo peor*. Tal como la aflicción o la inseguridad extremas pueden nublar nuestras creencias espirituales, la ira nubla nuestra creencia en la persona con la cual estamos enojados. Deja de verse como la encantadora novia o el novio de su juventud y empieza a verse más como Mike Wazowski, el pequeño cíclope verde de *Monsters, Inc.*, y menos con el encanto y genialidad de Billy Crystal.

Recuerde decirse *entonces* que la hermosa persona de dos ojos con la que se casó todavía está en alguna parte, aun cuando los buenos rasgos pueden haber sido eclipsados por la cólera y el conflicto que están atravesando en ese momento. Si usted deja de creer quién es esa persona, dejará de tratarla como él o ella es.

Tal vez tenga que hurgar mucho para sacar de nuevo a la luz del día esa parte de su cónyuge que en un tiempo usted pensó que merecía su celebración y su afecto. El apóstol Pablo nos dirige precisamente a eso: «Por lo demás, hermanos, todo lo que es verdadero, todo lo honesto, todo lo justo, todo lo puro, todo lo amable, todo lo que es de buen nombre; si hay virtud alguna, si algo digno de alabanza, en esto pensad» (Filipenses 4.8, RVR1960).

Le animo a que vuelva a leer ese versículo un par de veces. Luego saque papel y lápiz y anote las cosas que son verdaderas, francas, justas, puras, amables y de buen nombre en su cónyuge. De nuevo, haga una lista de las cosas que usted siempre ha creído acerca de él o ella, no simplemente los descubrimientos recientes que haga en momentos de adversidad que han manchado su punto de vista y le han dejado desilusionado.

Lo más probable es que acabe con una lista bastante impresionante. Luego lea una por una todas esas cosas que son verdad acerca de su cónyuge, permitiendo que su mente las pondere. Este sencillo ejercicio puede ablandar su actitud y tal vez hasta proveer algo de noción en el conflicto presente.

Y, en general, pensar de una manera diferente le llevará a respuestas más blandas que alejan la ira.

Perdónense uno al otro

Pablo no se anda con rodeos cuando se trata de acciones que debemos realizar al enfrentar directamente el conflicto. «Abandonen toda amargura, ira y enojo, gritos y calumnias, y toda forma de malicia. Más bien, sean bondadosos y compasivos unos con otros, y perdónense mutuamente, así como Dios los perdonó a ustedes en Cristo» (Efesios 4.31, 32).

Hay dos lados iguales y opuestos en esta ecuación. Obviamente, un elemento esencial en esto de ser proactivo para resolver el conflicto es pedir perdón a quienes se ha ofendido. Esta es la clave; y los que no están dispuestos a ver su propio error y pedir perdón por el mismo siempre quedarán lisiados por el conflicto.

Sin embargo, el otro lado de la moneda también es verdad. Si usted ha recibido la herida, también debe perdonar; «así como Dios los perdonó a ustedes en Cristo». Este es un mandamiento, no una sugerencia. Si usted ha sido perdonado por Cristo, se le ordena que perdone a los demás.

Las palabras de Pablo ciertamente no hablan de vengarse, aunque esa es la reacción normal cuando se nos ha ofendido. ¡Queremos desquitarnos! Vamos a las películas y aplaudimos cuando los chicos buenos se vengan de los malos que les hicieron daño. Pero esta no es una película, y nosotros no somos los «buenos» en el sentido de que hacemos cosas buenas. Somos los «buenos» que hemos sido transformados en nuestro corazón y declarados como tales porque Jesús ha hecho toda la obra por nosotros; y su principal obra es el perdón de aquellos cuyas decisiones en última instancia lo mataron. Nosotros somos aquellos cuyos pecados lo mataron. Nosotros somos aquellos a quienes Él ha perdonado. Somos los *chicos buenos* solo porque Él es un *Dios bueno*, y nuestra primera orden de bondad es un reflejo de su primera orden de bondad; es el acto del perdón.

Perdonar significa libertar al ofensor de la obligación de pagar una deuda. A menudo no queremos libertar al ofensor; disfrutamos de estar en lo que yo llamo «la garra del rencor». Guardamos rencor por años, permitiendo que la amargura continuamente endurezca nuestros corazones. Luego, un día, nos damos cuenta de que eso no es vida. Esta clase de vida no está haciéndonos felices, pero no sabemos qué hacer debido a que las capas de dureza tienen años de profundidad. Simplemente recuerde el episodio de Dave y su papá en el capítulo 6. Fue solo después de que Dave perdonó a su papá que pudo ser puesto en libertad de la ira asentada profundamente por décadas.

Ríndase a Dios

Este es el último de nuestros principios para resolver conflictos, pero en realidad debería ser el primero. El problema es que a menudo no podemos oír este principio en particular porque lo evadimos, asemejándolo a algo superespiritual que solo los pastores y los super-cristianos aplican a la vida real.

No obstante, ahora que hemos penetrado los orígenes del conflicto y nuestros papeles en él, tal vez nuestros corazones puedan oír esto. Además, si usted trata de aplicar todo lo que hemos mencionado hasta aquí pero no logra captar este punto, lo perderá todo, de cualquier forma. Este es el eje: solo al ir a lo vertical y rendirle su vida a Cristo a diario hallará la capacidad para resolver el conflicto con su cónyuge.

Rendirse no es un acto de religiosidad, sino uno de sinceridad con Dios. Si todo lo que usted lleva ante la mesa es cólera y palabras de amargura, ¿puede ser tan sincero y valiente como para decirle a Dios la manera en que verdaderamente se siente, y no la forma en que piensa que Él quiere que usted se sienta? Boletín noticioso: Él no se va a sonrojar por sus palabras empacadas de cólera; ya las ha oído en su corazón, de todas maneras. ¿Puede usted abandonar su voluntad personal para ganar a fin de que su matrimonio pueda ganar, más bien? ¿Puede usted traer lo peor de usted y confiar en que Dios promete canjearlo por lo mejor de Él?

La rendición implica sinceridad con Dios, lo que conduce al abandono de los propios planes y derechos de uno por la creencia de que se puede confiar en que lo que Dios tiene para nosotros, que es mucho mejor de lo que nosotros tenemos por nosotros mismos; incluso si tenemos que perder (o rendirnos) para experimentarlo.

Usted tal vez se sienta totalmente incapaz de usar palabras suaves en un conflicto, de escuchar verdaderamente, de decir la verdad en amor, de avanzar hacia la resolución, de perdonar; o hacer estas cosas día tras día, semana tras semana, y año tras año. Qué tarea más sobrecogedora e intimidante: llevar a la práctica los votos que hizo el día de su boda. Cosa imposible.

Pero *Dios puede darnos el poder de hacer lo que se ve imposible*. De hecho, la rendición en realidad es asunto de poder. Cuando dejamos de tratar de hacer eso por nuestras propias fuerzas, Dios nos sale al encuentro precisamente allí y suple un poder mucho más allá de cualquier cosa de que nosotros pudiéramos echar mano por nuestra propia cuenta. Recuerde, Él es el que resucita lo muerto, no usted. Él puede darnos a cada uno de nosotros un poder que no es natural; es sobrenatural.

La necesidad de rendirse es un hilo común entretejido en todos los episodios que hemos contado en este libro. Muchas veces he intervenido en conflictos en los que me he hallado yo misma incapaz de avanzar a menos que esté dispuesta a rendirme; por lo general, es algo como orar y entregarle todo a Dios. Nada positivo ni transformador sucede hasta que no llegue al punto en que invite a Dios al conflicto y le diga: «Dios, quiero que seas parte de esta relación personal, parte de este conflicto y quiero que tomes el control de mi vida. Yo no puedo alcanzar solución por mi propia cuenta. No puedo despojarme de mi cólera. No puedo librarme de mi resentimiento ni de mi amargura».

Le oigo responder por el susurro de sus Escrituras, el susurro de los suyos o a veces hasta los susurros en mi corazón, pero cada vez que me rindo, Dios expresa su gracia para recordarme: «Yo sé que tú no puedes. Pero yo sí». Y lo que sucede luego es asombroso; es como si una puerta se abriera a la obra del Espíritu Santo en mi corazón en su momento más amargo y furioso.

Estar en el centro de un conflicto es horrible. Mientras estamos ahí, a menudo nos concentramos en lo que la *otra* persona está haciendo mal, como si instintivamente creyéramos que el conflicto de alguna manera fuera a desaparecer si la *otra* persona se arrepiente y cambia. Pero *su* rendición a Dios requiere de *su* humildad, no la de su cónyuge. La única humildad por la que usted puede hacer algo es por la suya; así que la pregunta es: ¿será usted humilde delante de Dios primero a fin de que pueda ser humilde ante otros?

Si usted lo hace, créame, será una rendición dulce.

El fruto de nuestro trabajo

La solución de conflictos es una destreza que debemos practicar continuamente, tal como perfeccionar un golpe en el golf. La perfección tal vez no sea posible, pero el progreso sí lo es. ¿Recuerda el episodio de mi pelea con mi hijo C. J. de trece años? Corra la cinta por diez años.

Una noche entré en la sala y encendí las luces, solo para encontrar a C. J. (ya con veintitrés años) sentado en la oscuridad en el sofá. Junto a él, pero en el extremo opuesto, estaba su hermosa prometida, Robin. Pedí disculpas por interrumpirlos y salí de la sala.

A la mañana siguiente, le pregunté a C. J. por qué estaban sentados en la oscuridad sin hablar. De manera despreocupada dijo:

—Ah, estábamos en una pelea y resolviéndola.

Confundida, espeté:

—¿Pero no los oí ni hablar ni gritar?

No pareció sorprenderse por mi comentario. Simplemente dijo que se turnaban para comunicar lo que cada uno sentía y qué los enfadaba. Sin embargo, antes de que la otra persona pudiera responder, primero se daban tiempo para pensar en lo que querían comunicar y cómo debían decirlo de la mejor manera para que se entendiera y se recibiera.

Francamente, no recuerdo si le dije algo a C. J. Más bien, corrí escaleras arriba para buscar a Dave. «Cariño —grité—, ha sucedido un milagro. ¡Nuestros hijos son mejores para resolver conflictos que nosotros!».

El fruto de nuestro trabajo matrimonial —de continuar alcanzando, hablando, escuchando, perdonando y, especialmente, orando— nunca había tenido un sabor más dulce.

Capítulo 10

«TODO LO QUE OIGO ES *abucheo*»

En cierta ocasión estaba estresándome (Ann), devanándome los sesos tratando de imaginar cómo iba a hallar tiempo para trabajar en mi charla para la reunión del grupo de «Madres de preescolares» (o MOPS, por sus siglas en inglés) que estaba solo a dos días. Con tres chiquillos correteando por la casa, tirando por todas partes cualquier y todo objeto que podían hallar, lo que debía haber sido una tarea bastante sencilla y agradable se sentía imposible.

El grano de arena se había convertido en nada menos que una montaña.

Entonces me golpeó un pensamiento, eso es. (Me habían caído encima varios de los proyectiles de los muchachos). Ese fue un pensamiento recurrente: *Las cosas serían mucho más fáciles si Dave no estuviera tan atareado y pudiera ayudar más. En serio, ¿por qué tiene que tener tres empleos?* Dave siempre decía que estaba tratando de ayudarnos financieramente, pero a veces parecía como si estuviera simplemente usando sus muchos compromisos como excusas para salir de casa y de la locura bajo la cual estábamos viviendo en esos días.

Yo estaba atascada y necesitaba un poco de ayuda suya y fue cuando de repente se me ocurrió una idea. ¡Pedírselo a Dave! Así que lo llamé y le dije: «Oye cariño, ¿qué te parece si hablas conmigo el martes a las mujeres de *MOPS*? Les *encantaría* oír al célebre Dave Wilson hablar conmigo en cuanto al matrimonio. ¡Apuesto que la perspectiva de un hombre es justo lo que necesitan!».

«¡Seguro! Si mi tengo espacio en mi agenda, me encantaría hacerlo».

El estrés se evaporó de inmediato, por lo que lancé un hondo suspiro de alivio. Aunque había estado molesta con él, siempre es mucho más fácil —y, sinceramente, mucho más divertido— hablar con él que hacerlo sola. Así que eso fue todo.

Hasta que no pasó nada.

Llegó el martes por la mañana e incluso mientras estábamos alistándonos y enviando a los hijos a la escuela, sentí el viejo tirón familiar del desencanto. Era el mismo susurro conocido: *¿Por qué soy yo quien haga todo aquí? Dave casi no ayuda en nada. ¡Ni siquiera sabe la rutina o lo que hay que hacer!* Ese monólogo interno de quejas se había convertido en mi patrón secreto habitual; tanto que se había vuelto tan familiar como cepillarme los dientes o ponerme la ropa. Pero en ese punto, yo estaba haciéndolo incluso sin pensarlo.

Sin embargo, allí estábamos en camino a hablar juntos sobre el tema del matrimonio saludable. *¡Ah! ¿Qué iba a decir yo?* ¡La verdad era que estaba haciéndolo *todo* en ese matrimonio! Si Dave ayudara más o incluso escuchara un poquito más, sería grandioso. Como puede imaginarse, estas *no* eran las cosas que yo quería decirles a esas señoras. ¿Cuán alentador sería eso?

Llegamos al local y las mujeres empezaron a llenar el salón. Podía decir, por su energía, que estaban legítimamente entusiasmadas por oír nuestras nociones en cuanto al matrimonio. Probablemente pensaban que éramos expertos, puesto que habíamos escrito y presentado tantas series sobre el asunto, juntos en la iglesia, y eso para no mencionar que habíamos hablado en tantas conferencias matrimoniales de fin de semana por todo el país.

Ellas no tenían ni idea de lo que en realidad estaba pasando; y, sinceramente, tampoco yo.

Empezamos con algunos comentarios introductorios, y entonces ¡Dave se lanzó! Hablaba con entusiasmo y vigor. Empezó a contar cosas que nunca le oí decir. Por alguna razón, parecía más entusiasmado de lo usual expresando sus pensamientos, porque las palabras parecían que no podían salir de sus labios con suficiente rapidez.

La charla empezó con nosotros sentados uno al lado del otro en taburetes altos, pero no llevó mucho para que él se pusiera de pie y empezara a moverse de un lado a otro con el objeto de presentar sus ideas más apasionadamente. El salón estaba hipnotizado; sinceramente, hasta yo. A pesar de todos nuestros asuntos, estaba concentrada en lo que él estaba expresándoles a esas mamás jóvenes.

Dave estaba tan fijo como un rayo láser. «Señoras, no sé si ustedes se dan cuenta de esto, pero en algún momento en el camino, la mayoría de sus esposos recibieron elogios y aplausos por lo que hacían. Muy a menudo los niños tienen mamás y papás que los elogian: "¡Bien hecho!"». Ahí se detuvo por un momento y luego continuó: «Y conforme vamos creciendo y empezamos a descubrir las cosas para las que en realidad somos buenos, hay por lo general alguien también ahí —como un maestro o un entrenador— elogiándonos y aplaudiéndonos con un "¡Bien hecho!"».

Mientras Dave decía todo eso, empezó a palmotear muy duro cada vez que decía las palabras «Bien hecho». Luego continuó: «Yo jugué como mariscal de campo en la universidad, así que cada fin de semana había personas en el estadio alentándonos al equipo y a mí: "Buen trabajo. ¡Tú eres el hombre!" decían». De nuevo, Dave palmoteaba entusiasmado después de cada frase «buen trabajo».

«Cuando conocí a Ann, ella básicamente dijo: "De todos los hombres del mundo, ¡te escojo a *ti*, Dave Wilson! ¡Tú eres el hombre!"». De nuevo, otro palmoteo entusiasta de Dave.

Yo seguía sentada en mi taburete pensando: *Vamos, ¡esto sí que es bueno! ¡Nunca le había oído decir nada como esto!*

Pero mi asombro fue algo prematuro.

De repente su tono cambió y el entusiasmo se esfumó de su voz. Lenta y distintivamente pronunció palabras que nunca olvidaré.

«Entonces nos casamos». Hizo una pausa como si acabara de dar malas noticias. «Después de un largo día, entramos por la puerta y todo lo que oímos fue: "¡Buuuu! ¡Buuuu! ¡Buuuu!"».

Las mujeres empezaron a contener sus risillas. Yo estaba estupefacta. Dave, por otro lado, estaba al parecer haciéndose el tonto porque, sin perder ni un solo paso en su discurso motivador, se volvió hacia mí y empezó a gritar en mi dirección su último «Buuuu» con las manos alrededor de su boca como si fuera un megáfono. Al hacerlo, nuestros ojos se encontraron. En ese momento, pude decir por la mirada en su rostro que por primera vez en esa experiencia completamente fuera del cuerpo, su cerebro en realidad estaba manifestando sus pensamientos. Casi pude oír sin quererlo su monólogo interno: *Ah, pamplinas. Probablemente debería haber conversado esto con Ann primero.*

¿Lo capta?

Además de mi extremo bochorno en ese momento, genuinamente estaba preguntándome de qué asunto estaba hablando él. En todos los años en que habíamos estado casados, nunca había expresado nada como eso. Sobra decirlo, quince años es un tiempo muy largo para permitir que algo de esa actitud quedara sin decirse.

No es broma cuando digo que, en serio, no recuerdo cómo terminamos esa charla con aquellas mujeres. Mi mente quedó en blanco... y posiblemente con cara de pocos amigos. Lo que sí recuerdo, sin embargo, con meticuloso detalle es nuestro regreso a casa.

—¿Qué fue eso que sucedió en la reunión? ¿Es así como te sientes en realidad? ¿En verdad piensas que te abucheó todo el tiempo?

Dave parecía tan aturdido como yo.

—Sinceramente —explicó—, no tengo *ni idea* de dónde salió eso. Simplemente surgió y, al seguir hablando, me di cuenta de que así es exactamente como me he estado sintiendo.

Lastimada y ofendida al mismo tiempo, le devolví la estocada de inmediato:

—¡Y yo estoy *ayudándote*! Yo soy la que en realidad te conoce y sé todo lo bueno y lo malo. ¡Estoy ayudándote a que seas mejor!

Él no levantó la voz.

—No se siente como que ayuda —respondió en calma—. Se siente como un abucheo constante. Siento como que no puedo hacer nada bien. Criticas todo lo que hago, me recuerdas todas las cosas que no estoy haciendo y que debería hacer; vamos, lo que otros esposos están haciendo. —Hizo una pausa para sopesar si quería decir lo que estaba en el siguiente escalón de su pensamiento—. En realidad; ¿quién quiere llegar a casa para eso?

El silencio llenó el coche y nos cubrió como una densa niebla el resto del camino a casa. En mi cabeza revoloteaban muchos pensamientos. ¿Tiene razón? ¿He estado constantemente abucheándolo? Batallaba entre sentirme mal y sentirme justificada por la situación.

Él necesita que yo le diga la verdad, razoné. *¡Yo estoy ayudándolo a que sea mejor! De hecho, ¡estoy ayudando al Espíritu Santo, puesto que Dave probablemente está demasiado atareado para oír la voz de Dios!*

Vamos, eso último no me cayó bien; pude decir que el mismo Espíritu estaba convenciéndome a mí incluso mientras el pensamiento se materializaba ¡Huy! Pero, felizmente, llegamos a nuestra casa y todo el evento incómodo finalmente había acabado y quedó atrás… por lo menos eso pensé.

«Porras para él»

Sin embargo, no fue así. La pesada niebla nunca se levantó. En los días que siguieron, no pude sacarme de la mente esta pregunta: *¿En realidad abucheo yo a Dave?*

Los golpes y contragolpes que se abatían dentro de mi razonamiento estaban lejos de toda solución pacífica. De hecho, estaban entrando apenas en la segunda ronda; y no tenía ni idea de cuantos asaltos había en esa pelea.

En alguna parte de ese caos mental, sin embargo, empecé a ponderar la acusación de Dave. Me pregunté cómo serían las cosas si yo estuviera constantemente alentándolo... usted sabe, diciéndole todo el tiempo que era extraordinario y cosas así. La respuesta fue veloz y clara: no serviría. Simplemente piénselo. Si yo hiciera eso, entonces Dave pensaría que yo estaba contenta con la manera en que me estaba tratando, sobre todo en lo concerniente a ayudar en la casa y su papel como padre.

Pero al pensar en la manera en que yo estaba considerando esto (sí, usted me oyó correctamente), noté algo más por primera vez. Me parecía mucho a un jefe; con Dave como mi subalterno directo y siendo mi tarea corporativa la de evaluar su desempeño en su trabajo, más que como su esposa. Finalmente, empecé a ver el punto de Dave.

Pero racionalicé que si no criticaba su desempeño, pensaría que yo estaba satisfecha; y de ese modo estaría fomentando que siguiera igual, en lugar de crecer para ser el esposo y padre que tenía que ser. Y eso no sería bueno, ¿verdad?

Estuve así por varios días, hasta que sentí que Dios punzaba mi corazón. Por mucho que yo no quería admitirlo, sabía que me estaba llamando a que le rindiera esa situación; que le entregara mis preocupaciones, temores y desilusiones. Podía decir que Dios quería que yo le preguntara *a Él* lo que quería que yo hiciera. Tal vez usted pueda identificarse con mis dudas al rendirme; tenía ese sentimiento familiar de no querer preguntarle a Dios porque tenía miedo de lo que pudiera pedirme. La verdad era que yo no quería convertirme en rodapié. Ni perder mi voz. Ni sentirme como que yo era simplemente la mujer pasiva, sin voluntad; la clase de la cual todos se pueden aprovechar fácilmente.

Pero al fin, habiendo agotado mis propios esfuerzos me sumergí y dejé que Dios ganara. Me senté delante de Él y me quejé. Le dije todo lo que estaba sintiendo. Le conté todos mis temores y le pregunté qué quería que hiciera.

No me llevó mucho tiempo percibir una voz tierna y delicada en algún punto muy hondo en mi alma: «¡Echa porras por él!».

No estoy necesariamente orgullosa de mi primera reacción pero, sea como sea, fue algo como esto: *¡Esto es puro bla, bla, bla; seguro que no es de Dios!* Tal como los primeros rescatistas muestran su valentía instintivamente corriendo al peligro, mi reacción inicial fue mostrar algo también... pero, ¿qué? ¿Qué era ese asunto más hondo que estaba enfrentando al no querer elogiar y echarle porras a Dave? ¿Por qué era tan controladora?

De nuevo, sentí que el Espíritu Santo me impulsaba a que observara mis pensamientos, así como también las palabras que salían de mi boca; y, más específicamente, las palabras que *no planeaba* decir o no medía meticulosamente para causar el máximo impacto. Así que, la siguiente semana, tomé notas de lo que estaba pensando en cuanto a Dave; lo que estaba pensando *en realidad* en cuanto a él. Permítame decirle, esos pensamientos no eran todos corazones, sonrisas y mariposas.

Incluso mentalmente estaba siempre regañándolo.

Comparaba mi ardua vida constantemente con la suya, que era pura bendición; siempre afincándome en todas las maneras en que *yo* había cedido tanto y estaba haciendo tanto, mientras que *él* no había cedido nada y, relativamente, tampoco estaba haciendo mucho. En general, básicamente sentía que la vida de él era un paseo.

Al sintonizar con más atención la emisora de mi propia mente, descubrí que Dave en realidad tenía razón por lo menos en cuanto a una cosa: definitivamente yo había estado comparándolo con otros esposos que parecían más románticos o más conscientes de las necesidades de sus esposas. Cuán devastador debe haber sido eso para él. Para ser completamente sincera, quedé estupefacta por la negatividad de mis propios patrones de pensamiento. Se había vuelto todo un hábito pensar de esta manera: «Qué hay de negativo en cuanto a Dave» se había convertido en mi nueva norma; las letras clave de identificación de mi radio estación mental. *Usted está escuchando a QHND. Todos los malos pensamientos en cuanto a Dave... todo el tiempo.*

Puesto que la parte uno empezó con la evaluación de mi pensamiento, era tiempo para la parte dos: anotar las cosas que en realidad salían de mi boca. Después de cierto examen cuidadoso, descubrí que mis palabras no eran necesariamente duras... no necesariamente. Yo las llamaría algo más, tal vez un regaño sofisticado.

Papa, patata.

«¿Por qué no podemos tener devocionales familiares como las otras familias?».

¡Puaj!

«¿No vas a estar en casa otra vez para llevar a los hijos a dormir y orar con ellos?».

¡Puaj!

«¿No cambiaste el aceite, ni reparaste el coche, ni podaste el césped, ni sacaste la basura... de nuevo? ¡Está bien! ¡Yo lo haré... de nuevo!».

¡Doble puaj!

Este era nuestro diálogo constante, prácticamente en cuanto a todo. Pero la peor parte era que se había vuelto evidente que yo muy rara vez elogiaba a Dave o le agradecía por algo. Yo no era un monstruo, simplemente pensaba: *Esa es su obligación, así que, ¿por qué debería agradecerle? Yo lo hago todo sin que nadie me lo agradezca.*

Ah... ni siquiera había notado que yo había desarrollado todo un complejo de mártir. ¡Estaba hecha un caos! Me avergoncé de mí misma. Sabía estas cosas, y las enseñaba; sin embargo, ni siquiera me había dado cuenta de que había caído en ellas. La Biblia dice: «El ladrón no viene sino para hurtar y matar y destruir; yo [Jesús] he venido para que tengan vida, y para que la tengan en abundancia» (Juan 10.10, RVR1960). De alguna manera —sutil y lentamente— yo había permitido que Satanás se introdujera a escondidas en mi matrimonio y estaba tratando de robar, matar y destruir a nuestra familia.

Aunque había presente un enemigo, necesitaba asumir mi parte en todo el proceso. Necesitaba dejar que Dios se encargara de Dave. ¡Mi tarea era *respetarlo*! Sabía y enseñaba todo eso del capítulo 5 de Efesios, donde Pablo llama a las esposas a respetar a sus esposos. Y simplemente no me había dado cuenta de que no estaba aplicando para nada esa verdad en nuestro hogar. *Para nada.*

Era tiempo de cambiar; así que oré: «Padre Dios, ¡perdóname! No he estado respetando a Dave y, de hecho, he estado regañándolo, criticándolo, y no he estado alentándolo. Te entrego mi matrimonio y mi vida. Te pido que me ayudes a ver a Dave de la manera en que tú lo ves. Abandono mi control y mi intento de cambiarlo. Te pido que me des el poder de tu Espíritu Santo para alentar y apreciar a Dave, aun cuando no quiera… aunque crea que no se lo merece. Te pido que Dave sepa cuánto lo amo por la manera en que lo trato. ¡Puedo hacer esto solo con tu ayuda, Padre! Amén».

Empezó con esa oración sencilla, pero no acabó allí.

Un proceso de transformación

Continué atendiendo esos asuntos al pasar tiempo con Dios cada día, pidiéndole su ayuda ¡y rogándole que me cambiara *a mí*! Empezó lentamente y, por cierto, no cambié de la noche a la mañana. Sin embargo, Dios empezó un proceso de transformación en mí con cosas pequeñas al principio. Todo empezó cuando empecé a agradecerle a Dave por las cosas que estaba haciendo: entrenando los equipos de los hijos, vaciando la máquina lavaplatos (incluso si tenía que pedírselo), limpiando, podando la hierba, etcétera… y, para mi asombro, hubo suficientes cosas que Dave estaba haciendo que en realidad garantizaban un «etcétera». ¿Quién lo diría?

Una noche, unos cuantos meses después, puse la cena en la mesa y nos preparábamos para orar. Los tres chicos estaban hambrientos, pero les hice esperar unos cuantos momentos. Tenía que decirles algo muy importante. «Oigan, antes de que oremos y comamos, quiero que nos detengamos un minuto y le demos gracias a papá por trabajar tan duro todos los días para proveer esta comida, y cada comida en nuestro hogar. Debemos agradecerle por trabajar tan duro para proveer todo lo que tenemos». Luego me volví a Dave y continué: «Es fácil dar por hecho tu arduo trabajo. ¡Gracias, cariño!».

La cara de Dave resplandecía mientras compartíamos ese momento. ¿Los chicos? No tanto. Simplemente preguntaron si al fin podíamos comer, sin reconocer ni interesarse por esa muestra espontánea de respeto. Más tarde esa noche, Dave me dijo que mis palabras fueron lo mejor que le había pasado toda la semana. ¿*Qué*? ¿Unas escasas palabras que llevaron menos de un minuto decirlas? ¡En serio!

Sí… todo lo que oyó en ese momento fue un aplauso.

Conforme empecé a ser más congruente para alentar a Dave en lugar de abuchearlo, pude decir que estaba algo incrédulo, como diciendo: *¿Qué es lo que te propones?* Pero lo que al principio puede haber parecido forzado e insincero pronto se volvió un hábito. Yo estaba ahora sinceramente buscando las cosas positivas que Dave estaba haciendo; cosas por las cuales genuinamente podía alentarlo.

Con el tiempo, me di cuenta de que mis críticas no habían estado dirigidas contra Dave; continuamente estaba hostigando también a nuestros tres hijos. Tal vez pensaba que la crítica era una buena estrategia de enseñanza… ¿quién sabe? Sea como sea, emprendí la misma misión con ellos: observar sus acciones y cualidades de carácter positivas, para elogiarlos y agradecerles más de lo que nunca antes había hecho.

Estas no eran simples disciplinas externas; empecé a ver que Dios en realidad me transformaba por dentro. Mi corazón encostrado, insatisfecho, empezaba a ablandarse. El gozo empezó a desplazar mi descontento. La paz empezó a abrirse camino en y por mí conforme mi ira y mi amargura empezaban a disiparse. Hallé una nueva gratitud en mi influyente posición femenina y nuestro hogar se transformó, ¡debido a que Dios me estaba cambiando *a mí*! El estímulo y la gratitud ahora estaban llegando a ser hilos comunes en nuestra familia.

Y no, no perdí mi voz. Más bien, le llevaba mis quejas a Dios primero y le pedía que me ayudara a decir lo que tenía en el corazón y en el pensamiento de una manera que Dave pudiera oír bien; de una forma que no lo abrumara con un abucheo constante. Con certeza eso no detuvo la enseñanza ni el entrenamiento de nuestros hijos. El cambio fue sencillo: las palabras de afirmación fluían en abundancia de modo que cuando las negativas tenían que decirse, en realidad podían ser oídas —y procesadas— un poco más fácilmente.

¡Mujeres, tenemos tanto poder! ¡Nuestras palabras tienen el poder de dar vida y muerte! Quiero ser una mujer tal que mi familia esté ansiosa de llegar a casa. Fuera de nuestras casas, nuestros esposos, hijos y amigos están siendo bombardeados con negatividad. Nosotras podemos ser las que inflamemos sus velas y les demos gozo. Como dice Dave: «¡El hombre siempre irá a donde le den una voz de aliento!».

Yo quiero que mi hombre venga a casa.

Mi mejor porrista

A mí (Dave) me encantaría añadir mi perspectiva en cuanto a cómo el «abucheo» de Ann se ha transformado por completo respecto a mí con el correr de los años. Cuando le hablé por primera vez acerca de aquellas décadas en que me sentía abucheado en casa, lo dije en serio. Me sentía respetado en muchos aspectos de mi vida, pero simplemente no en casa por Ann.

Para ella al principio mis sentimientos fueron duros de oír, tanto que peleamos al respecto por algún tiempo. Pero todo lo que puedo decir es que ahora ella es mi mejor animadora. Ahora siento que me respeta y me alienta todos los días. Y cuando llego a casa y ella está vistiendo esa ropa de porrista (con una enorme «D» en ella), ¡vamos, ah viejo, eso se siente bien!

Con toda seriedad, me encantaría decirles a las esposas que cuando ustedes pronuncian palabras de vida y respeto en cuanto a nosotros, como hombres, estas nos cambian, nos mejoran. Hace años, la actitud y las palabras de Ann hacia mí cambiaron totalmente. Ella solía regañarme y criticarme por casi todo lo que yo hacía; y había razones válidas para que lo hiciera. Pero la cuestión de fondo es que yo jamás podría satisfacerla en realidad. Yo sentía que constantemente estaba desilusionándola.

Sabía que ella me *amaba*, pero también sentía que en realidad no *gustaba* de mí. Pero unos pocos meses después de aquel «¡abucheo!», empezó a tratarme de manera diferente. Empezó a animarme y agradecerme por lo que yo era y por lo que estaba haciendo por ella y los chicos. Empezó a pronunciar palabras de vida hacia mí que me transformaron.

Ella diría específicamente: «Sabes que en realidad eres un hombre bueno y un gran esposo». Yo me decía a mí mismo: *No, no lo soy*. Pero su estímulo consecuente me hizo querer en realidad llegar a ser el hombre que ella decía que yo era, aunque todavía no lo era. Definitivamente yo *no era todavía* el hombre que ella decía que era, pero debido a que lo afirmaba, me propuse llegar a serlo... ¡estoy seguro de que todo eso tiene sentido!

Las palabras de una esposa tienen poder sobre su esposo. Las actitudes negativas y palabras de «abucheo» no motivan a los hombres, aunque nos las merezcamos. No estoy diciendo que nunca se debe oír críticas o corrección, porque esto es simplemente una parte de la comunicación saludable en un matrimonio. Estoy hablando más acerca del tono general conversacional que permea la relación personal.

A los hombres los motiva y potencia para cambiar las porras y el respeto de su valor personal en este matrimonio, aparte de sus deberes. Este valor es algo que la mayoría de los hombres cuestionan y respecto a lo cual se sienten inseguros. Respetar a alguien no quiere decir que uno ignore sus faltas obvias, ni que disminuya su necesidad de mejorar; quiere decir que uno reconoce su valor y su potencial, aun cuando batallen por reflejarlo o vivir a su altura.

Sé que esto no siempre tiene lógica, pero pruébelo y vea lo que sucede. Le aseguro que el abucheo y la crítica despiadada simplemente no funcionan. ¿Por qué no probar el camino de Dios al respeto y ver a dónde conduce? A lo mejor tenga un nuevo esposo en un año; ¡o tal vez en un mes! Y sobre todo si usted se pone ese traje de porrista...

Lo lamento, no pude resistirlo.

Capítulo 11

LO QUE TODA ESPOSA

anhela

Allí estaba yo (Dave), de pie en las afueras del edificio de nuestra iglesia entre servicios un domingo por la mañana. El día había empezado de manera grandiosa, puesto que ya habíamos tenido dos extraordinarios servicios completamente llenos. Cuando uno es pastor, domingos como esos lo dejan sintiéndose estimulado. Y lo mejor es que todavía no se había acabado; todavía había que realizar otro servicio. De hecho, me sentía tan bien que estaba saludando gozoso a las personas que entraban al servicio final del día. Además, tenía grandes expectativas —como todos los pastores lo hacen ya avanzada la mañana del domingo—, con lo que sucedería en casa directamente después del culto...

Pronto estaría disfrutándome una siesta.

Pero mis expectativas ensoñadoras resultaron ser prematuras.

Poco antes de volver al auditorio para el servicio final, miré al estacionamiento para ver a mi encantadora Ann llegando a la iglesia en su camioneta. Pues bien, parecía que estuviera recibiendo el banderazo ganador en la carrera Indy 500. No bromeo cuando le digo que Ann estaba quemando caucho en nuestro estacionamiento. Me alarmé un poco.

Pero mi alarma interna empezó a sonar aun más estridente cuando me di cuenta del sitio al que se dirigía: un espacio de estacionamiento abierto justo frente de la puerta del templo. Tal hallazgo era raro y valioso en nuestra iglesia; la olla de oro al final del arco iris. Como si fuera una conductora acrobática, como las de la película *Rápidos y furiosos*, ella dirigió el coche a una parada perfectamente alineada en ese espacio de estacionamiento de primera clase. Vin Diesel se hubiera sentido orgulloso.

Momentos más tarde, Ann se bajó del vehículo con nuestros dos hijos, Austin y Cody. Al dirigirse ella hacia la puerta del frente, me vio y esbozó una sonrisa de cuatro carriles, obviamente sintiéndose muy bien con su puesto de estacionamiento. Después de todo, era el mejor espacio en todo el lugar.

—¡Hola, cariño! —me dijo con un guiño—. ¡Mira el estacionamiento que Dios me dio hoy!

Yo fruncí el ceño y gruñí:

—Mueve el coche ahora.

Ella se detuvo, aturdida por mi orden cortante. Luego rápidamente rezongó:

—Yo no muevo el coche. Dios me dio ese lugar.

—Dios no te dio ese espacio. Muévelo ahora o lo moveré yo.

Era obvio yo *no* estaba de buenas pulgas. Tenga presente que mientras teníamos esa discusión no tan agradable, también estaba dando la bienvenida a la gente a nuestra iglesia con la sonrisa más falsa que jamás había fingido. Me estaba acalorando con cada segundo que pasaba. Finalmente, me volví a Austin y le dije:

—Austin, ¡toma las llaves y mueve el coche *en este instante*!

A ese punto, Ann se puso frente a Austin y dijo:

—¡Él no mueve el coche!

Podía sentir que la sangre me hervía. Esta vez mis palabras se convirtieron en gritos, aun cuando las pronuncié entre dientes, puesto que la gente pasaba junto a nosotros entrando a la iglesia.

—Yo tengo que ir y predicar. ¡Así que mueve ese coche y hazlo *en este instante*!

A estas alturas, usted probablemente está preguntándose a qué se debía tanta alharaca. ¿Por qué estaba yo tan enfadado por algo tan trivial como un puesto de estacionamiento? Ayudará si explico mi perspectiva con esta experiencia.

Como uno de los pastores fundadores de Kensington (ese es el nombre de nuestra iglesia), había tenido el honor de ser parte del núcleo básico que desarrolló nuestros valores elementales. Estos eran los valores sobre los que edificamos la iglesia; los que sosteníamos como muy valiosos y queridos para nuestra identidad.

Uno de esos valores era que las personas que no asisten a la iglesia son muy importantes. El visitante que nunca había asistido a Kensington es la misma persona para quien habíamos diseñado nuestras experiencias de fin de semana. Queríamos que se sientan valorados y apreciados. Así que, decidimos temprano que una gran manera de mostrar su valor para nosotros era guardarles los mejores puestos de estacionamiento. Eso quería decir que los que estaban frente a las puertas del templo eran —y siempre lo habían sido— para ellos.

¿Cuán serio tomamos esa promesa de estacionamiento? Digámoslo de esta manera; pedimos que todos los nuevos miembros levanten la mano derecha cuando se unen a nuestra iglesia y digan que desde ese día ocuparán los peores puestos de estacionamiento y dejarán los más cercanos para los que son nuevos en Kensington. Por supuesto, todo eso lo hacemos de manera divertida, pero el principio subyacente a la promesa de preferir a los que vienen por primera vez es algo que tomamos muy en serio. De hecho, todos nuestros pastores —incluyéndome yo— estacionamos en la parte más distante. Es una caminata de cómo medio kilómetro, en el clima frío de Michigan.

Este no es un valor básico «improvisado»; define en gran manera lo que somos.

Ahora, ¿ve usted por qué estaba yo tan enfadado? Simplemente no podía creer que Ann estuviera violando un principio básico de nuestra iglesia. Todos sabían cuán importante era este valor, y ahí estaba la esposa del pastor llegando a toda velocidad a un puesto en el estacionamiento como la corredora profesional Danica Patrick (o Annica Patrick, por así decirlo) rompiendo las «reglas». ¡Y todo eso con una gran sonrisa en su cara!

Con tal acrimonia, no estoy seguro de cómo prediqué el último mensaje ese día. Todo lo que sabía es que no podía esperar llegar a casa y asegurarme de que Ann sintiera el peso de mi ira. Cuando entré a la cocina, no hubo un «Hola» ni un «¿Cómo te va?». Simplemente grité:

—¡Todavía no puedo creer que te estacionaste en ese lugar! ¿En qué estabas pensando?

Ann alegremente respondió al instante:

—Era tarde para llegar a la iglesia. Dios me dio ese gran espacio frente a la puerta y lo recibí con gratitud.

—¡Dios no te dio ese lugar! —grité. No nos gritábamos mucho cuando peleábamos, pero ese día, ¡el juego había empezado!

Mi hijo menor de catorce años, Cody, estaba sentado a la mesa de la cocina escuchando toda la conversación, si se pudiera llamar así. Pienso que finalmente él se cansó porque intervino:

—Oye, papá, ¿acaso mamá y tú no viajan por todo el país enseñando a las parejas a resolver conflictos? ¿Es eso lo que les enseñas?

Mis ojos se convirtieron en puñales, como en las viejas caricaturas.

—Tú quédate sentado ahí mismo, hijo, ¡y te enseñaré cómo resolver conflictos!

Sin perder el paso, volví de nuevo contra Ann. Esto se extendió por otros diez minutos o algo así, hasta que finalmente ella salió de la cocina y se fue al piso superior. Cuando ya se fue, pensé: *¡Tenías que irte! Sabes que estás equivocada y que tengo la razón… ¡de nuevo!* Sinceramente, estaba tan enfadado que ni siquiera quería estar en la misma habitación con ella en ese momento.

Gran ejemplo para mi hijo.

Y, sin embargo, había algo en cuanto a que ella saliera del salón que me ayudó a empezar a verme yo mismo como ella me estaba viendo en ese momento. Miré a Cody con una expresión que decía: *No estoy seguro de lo que acaba de suceder, pero no se ve bien para ninguno de nosotros.*

A lo vertical

Cuando la habitación se puso realmente en calma —y quiero decir espeluznantemente en calma— tuve un momento para reflexionar. Y en esa quietud incómoda, fui a lo vertical. Todo lo que quiero decir es que recuperé mis cabales lo suficiente como para invitar a Dios a que se uniera a la situación. A esas alturas, no me había importado lo que Dios pensara y, francamente, no quería saberlo. Sin embargo, cuando me quedé allí sentado con mi cólera y mi santurronería (pues me sentí solo, pero Cody estaba observándome todo el tiempo), supe que había lidiado incorrectamente con la situación. Mi perspectiva me había fallado de nuevo, y necesitaba otra. Sabía en mi corazón que ya me había oído lo suficiente yo mismo; lo que realmente necesitaba era oír a Dios.

Así que respiré hondo y le pedí que me hablara. Específicamente le pedí que me ayudara a ver lo que me estaba perdiendo. Lo que oí fue breve y sencillo: «Escucha». Yo esperaba oír más de Jesús, pero eso fue todo. ¿En realidad? ¿*Solo una palabra?* Sí.

Escucha.

Como quince minutos más tarde, Ann bajó por las escaleras y se paró en la entrada a la cocina. Cody y yo todavía éramos los únicos que estábamos sentados allí. Ella me miró y pronunció unas palabras que nunca olvidaré. «Yo voy a la iglesia todas las semanas por mi cuenta porque, te vas temprano y te quedas hasta tarde. Yo tengo que hacerlo todo en esta casa porque tú estás constantemente trabajando en tus labores ministeriales. Yo corto la hierba. Lavo los carros. Hago esquí en tablero de nieve simplemente para estar contigo y nuestros hijos. Hago esquí acuático solo para estar contigo y los muchachos».

A esas alturas Cody me dirigió una mirada que decía: *Papá, detesto decírtelo, pero estás acabado.*

Ann continuó: «Yo cocino, limpio, lavo los coches y cuido de esta casa ¡porque tu rara vez estás aquí! Me siento sola en la iglesia cada semana mientras estás en la plataforma y predicas a las masas. Así que, ¿sabes qué?... si tengo una oportunidad de estacionarme frente a la puerta de la iglesia, ¡voy a aprovecharla!».

Cuando al fin escuché, lo capté. Por unos momentos, simplemente me quedé sentado. Podía sentir los ojos de Cody perforándome hasta el alma, preguntándose lo que su papá «experto matrimonial» iba a decir luego. Exhalé y entonces simplemente le hice a Ann esta pregunta: «¿Crees que Kensington es para mí más importante que tú?».

Ella miró al piso por un momento y luego asintió.

Pum. Allí estaba, otro momento monumental de frente. Un momento que aprovechar. Un momento que abrazar. Y si yo respondía humilde y sabiamente, quien sabe, hasta un momento transformador.

Ese era un momento que podría cambiar mi legado; y por primera vez, lo reconocí. Como descubriremos, estos momentos se suceden todo el tiempo en nuestros matrimonios, pero a menudo los ignoramos por completo porque no estamos presentes lo suficiente como para asignarles el valor debido. Los descartamos como malos entendidos o conflictos «normales», sin darnos cuenta de que el cambio verdadero en su mayor parte ocurre en la vida real. Concebimos que esto sucede como en las películas, mientras alguien está escalando una borrascosa montaña, o mientras dos actores demasiado guapos para ser reales románticamente se abrazan en el piso más alto del edificio Empire State.

A menudo nos perdemos las transformaciones que podrían sucederse hoy, aquí mismo, en nuestra cocina, o ahí mismo, en el último argumento en textos entre usted y su cónyuge, en cuanto a cuánto más tiempo se va a quedar fuera esta noche de nuevo. El ir a lo vertical empieza con separarse del trance de la vida «real» de modo que uno pueda experimentar el cambio que Dios tiene para uno en esos momentos. Él no necesita llevarlo a alguna otra parte para transformarlo; ya lo ha colocado exactamente donde usted está. Es cuestión de escuchar por entre el ruido.

Solo media verdad

Dios me dijo que escuchara y lo que yo estaba oyendo lo cambió todo. Por medio de Ann, Él me estaba hablando en cuanto a mi vida y mis prioridades. En el pasado, habría discutido con Ann por cómo se sentía. Le hubiera dicho que obviamente era mi más alta prioridad y que se equivocaba al sentir cualquier otra cosa que no fuera eso. En mi corazón, verdaderamente creía que Kensington ni siquiera se acercaba a ser tan importante para mí como ella.

Sin embargo, no estábamos lidiando solo con *mi* corazón. Yo no estaba autorizado para definir la realidad para nosotros dos, no importa cuánto sintiera yo que lo estuviera. La verdad también contenía lo que estaba pasando en el corazón *de ella*. Mientras que yo no reconociera eso, en realidad no tenía la verdad; sino, más bien, solo mi mitad de la verdad. Y todos saben que las medias verdades en realidad no son verdad.

La verdad era que lo que ella estaba sintiendo en ese momento no era ficción, como yo lo había tratado; era realidad. En verdad, no importaba lo que *yo* pensaba. Ann se sentía abandonada y esa era su realidad. Y era una parte clave de la mía, aunque yo no la supiera. Yo podría defender mi posición esperando sentado hasta que las vacas vuelen, pero la posición que necesitaba que se reconociera no era la mía; era la *de ella*.

Yo tenía que lidiar con la realidad de ella como la verdad.

Cody contemplaba toda esa epifanía desdoblarse dentro de mí y, en retrospectiva, me alegro que estuviera allí para presenciarla. Me levanté y crucé la cocina. Tomé a Ann entre mis brazos y le dije: «Querida, verdaderamente lamento haberte gritado hoy. Lamento que creas que mi trabajo es más importante para mí que tú. Tú eres más importante para mí que cualquier otra cosa en mi vida, aparte de Dios; pero si no lo sientes, eso quiere decir que lo estoy llevándolo a la práctica de manera equivocada. Tienes razón: *yo* estoy demasiado ocupado con Kensington, tengo que mirar mi itinerario y hacer los ajustes necesarios para fijar mis prioridades. ¿Te sentarías conmigo hoy a fin de que podamos mirar juntos estas cosas?

Sí, así se iba mi siesta... pero era un pequeño precio que pagar.

La epifanía del puesto de estacionamiento

Me di cuenta en ese momento de que esta pelea en particular nunca fue por un espacio de estacionamiento; era por la necesidad de Ann de que yo le expresara que la amaba. Por sentir que su esposo la apreciaba. Su necesidad número uno era sentirse amada por su esposo y yo le había fallado —y le había estado fallando— por largo tiempo. El puesto de estacionamiento fue lo que Dios usó para mostrarme cuán distorsionado estaba mi itinerario. Yo había estado recitando lo que todo hombre cristiano dice en cuanto a sus prioridades: *Dios primero, familia segundo y trabajo tercero.* ¿Cuántas veces había oído usted esa secuencia predicarse desde los tejados en cada sermón del Día del Padre, conferencia de hombres y currículo de grupos pequeños?

En mi caso, la verdad es que estas se habían convertido en nada más que palabras. No eran la realidad que estaba viviendo. Yo siempre predico que uno puede decir las prioridades de un hombre con solo ver dos cosas: su billetera y su itinerario. Las cosas en las cuales gastamos nuestro dinero y lo que hacemos con nuestro tiempo siempre pueden más que las palabras que decimos. Cada vez que me reúno con una pareja casada y el esposo empieza a decirme cuán importante es su esposa, dejo de mirarlo a él y discretamente observo a su esposa para ver cómo reacciona el semblante de ella a las declaraciones idealistas de él. Ella asentirá mostrando su acuerdo con él, confirmando que lo que él está diciendo es la realidad de ella, o si inconscientemente se queda mirando al piso —o incluso conscientemente poniendo en blanco los ojos— indicando que las palabras de él en este asunto no significan absolutamente nada.

Yo era ese esposo cuyas palabras produjeron la segunda reacción... y ni siquiera lo sabía. Podía predicarlo bien, pero no estaba viviéndolo. Ir a lo vertical en ese momento significó que necesitaba oír lo que Dios me estaba diciendo en cuanto a esa situación en particular. Sí, sé que darse cuenta en el momento es lo más difícil, pero también es en donde reside el mayor potencial para que Dios haga algo extraordinario de algo horrible.

Amar y cuidar

Como esposos, Dios nos ha llamado a cada uno de nosotros así: «amen a sus esposas, así como Cristo amó a la iglesia y se entregó por ella» (Efesios 5.25). He hallado que la palabra *amar* a menudo no significa tanto para nosotros, los hombres, como debería. Piénselo: decimos que amamos muchas cosas [en el sentido de que nos gustan]. Por ejemplo: *Me encanta la malteada de chocolate. Me encanta mi motocicleta. Me encanta el Super Bowl... que mis queridos Lions algún día jugarán.*

Así que cuando Pablo nos ordena que amemos a nuestras esposas, en realidad no sabemos lo que eso significa. A veces me ayuda reemplazar esa palabra con otra que los hombres sí entendemos: *cuidar* (que es la palabra real que se usa en el versículo 29 del mismo capítulo). Si *alentar* hace que un hombre se sienta respetado, entonces *cuidar* hace que la mujer se sienta amada.

Ahora, esa es una palabra con la que podemos identificarnos porque somos buenos para cuidar cosas. Cuidar significa proteger. Mimar. Pulir. Proveer lo que sea necesario. Cuidamos nuestras posesiones más «atesoradas». He tocado la guitarra desde que tenía ocho años y tengo una colección de guitarras y bajos. Los cuido (protejo, pulo, mimo) a cada uno. Los tengo en una habitación separada con la humedad apropiada para que no se arqueen. Como *quisquilloso*, soy mucho en cuanto a quién toca mis guitarras. Las trato como si fueran mis bebés. Sé de hombres que hacen lo mismo con sus televisores de alta definición, sus palos de golf o sus motocicletas.

De paso, yo también cuido esas cosas.

Pero, seamos sinceros; la idea de atesorar estas cosas temporales debería ser solo el punto de partida para entender el matrimonio. Debería abrir nuestros ojos a la manera absolutamente radical en que Dios nos ha llamado a amar a nuestras esposas, que son infinitamente mucho más valiosas que un montón de metal, caucho y electrónica.

Ese día empecé a explorar cómo se vería si yo empezaba a «cuidar a Ann así como Cristo cuida a la iglesia». No simplemente convencerme *yo mismo* de cuánto la amo en mi corazón, sino a amarla de una manera que *le indique a ella* cuánto la amo. Hasta la fecha, todavía estoy en el proceso de explorarlo; así como todos lo haremos por el resto de nuestras vidas. Pero ese día hallé en mi cocina una manera tremenda de comunicarle a Ann que la «amo»: pasar tiempo en casa con ella y con los muchachos.

Cada hombre y cada mujer son diferentes, pero el lenguaje cumbre de Ann en cuanto al amor es tiempo. Ella deletrea la palabra amor así: T-I-E-M-P-O. Ella quiere tiempo conmigo cuando ninguna otra cosa distraiga mi atención ni mi afecto. Eso significa que cuando salimos los dos (o incluso cuando hablamos juntos en la cocina) ella quiere que yo deje a un lado mi teléfono, lo que incluye llamadas telefónicas en sí, pero también correos de voz, correos electrónicos, actualización de medios sociales, y los últimos resultados de los partidos más recientes que están sucediendo en esos momentos. Y, sí, dije la palabra *salidas*. Las parejas casadas necesitan continuar saliendo. Necesitan salir uno con el otro cada semana.

Puedo oír a ciertos esposos (como también a ciertas esposas) quejándose: «¿Cada semana? ¿En serio?».

Usted trata de jugar golf todas las semanas, ¿verdad? ¿O montar su motocicleta? ¿O hacer ejercicio? ¿O limpiar la casa? ¿O ver su programa favorito de televisión? Como ve, para lo que sea que más valoremos, hallamos —no, *hacemos*— tiempo. En este caso, ¿puede adivinar qué (o, más precisamente, quién) es lo más valioso en su hogar? Su cónyuge. Si él o ella se van, no quedará más hogar del cual hablar.

Allí mismo, en esos momentos y en esa cocina, decidí que en la medida de mis posibilidades, Ann nunca más tendría que tener razón para sentir otra vez que mi trabajo (o cualquier otra cosa) era más importante para mí que ella. En nuestro caso, el primer paso para cuidarla más amorosamente era empezar a podar mi agenda a fin de que yo pudiera proteger mejor mi tiempo para mimar más a mi esposa.

El segundo paso fue acicalarnos y salir juntos a ese mismo domingo por la noche; y fue *mucho* mejor que una siesta. Y, finalmente, yo estaba convirtiéndome en un hombre (y en mi caso, un predicador real) que practica lo que predica.

Respecto al tristemente célebre puesto de estacionamiento, nunca más volví a ver a Ann estacionar nuestra minivan ahí. Pero si lo hubiera hecho, no me habría molestado.

Nada —ni siquiera el más codiciado puesto de estacionamiento— es demasiado bueno para aquella a quien más quiero.

TERCERA PARTE:

Intimidad

Capítulo 12

SEXO EN

la capilla

Los más de treinta años que Dave ha servido como capellán de los Detroit Lions nos han dado muchos episodios asombrosos que contar. Su tiempo con el equipo no siempre es asunto de los jugadores mismos o de ganar partidos, también trata con sus matrimonios y sus familias. Eso significa que a menudo trabajamos juntos para servirles en muchos aspectos de sus vidas, incluyendo las relaciones sexuales.

No debería ser un secreto ni tampoco un tabú para nada reconocer que el sexo es una parte integral de cualquier matrimonio y, sin embargo, las personas —incluso los casados— a menudo evaden hablar al respecto. Escogen más bien enterrar sus sentimientos, adicciones, percepciones e inseguridades, esperando que todo simplemente funcione mágicamente con solo dejar el tema en paz.

Pero cuando se trata de relaciones sexuales, debemos hablar... y mucho.

Cuando las personas están dispuestas a ser vulnerables y francas en cuanto al sexo, suceden cosas asombrosas. En uno de los estudios bíblicos que Ann dirige para las esposas de los jugadores de los Lions, una de ellas mencionó que era el cumpleaños de su esposo, y que ella lo iba a llevar a cenar y a pasar una noche en un hotel. El esposo de aquella mujer nunca había asistido al estudio bíblico semanal que Dave dirige para los hombres.

—¿Y qué vas a hacer de especial para él? —preguntó Ann.

La mujer, algo corrida, replicó:

—Pues bien, voy a estar con él.

Ann dijo:

—Tienes que hacer algo especial para él, puesto que es su cumpleaños. ¿Qué tal ir a un almacén de ropa íntima y escoger algo atractivo que a él le guste?

La esposa replicó:

—Ah, esa no soy yo realmente. Nunca he hecho nada como eso.

—Vamos ¡será divertido! —insistió Ann. Así que se fueron al almacén.

A la mañana siguiente Ann recibió una llamada de aquella esposa que emocionada le dijo: «Ann, ¡anoche fue asombroso! Mi esposo dijo que fue la mejor noche de nuestro matrimonio. Y luego me preguntó de dónde saqué esa idea de ponerme ropa íntima especial. Le dije que la idea surgió en el estudio bíblico. ¡Me dijo que no dejara de ir a ese estudio bíblico!».

Y, ¿adivine quién se asomó en el estudio bíblico de parejas a la semana siguiente? Exacto, el señor Esposo Feliz. Ahora se interesó en Dios. De hecho, seis semanas más tarde, le entregó su vida a Cristo, y hoy aquella pareja sirve en el ministerio a tiempo completo. ¡Asombroso!

Y todo empezó con algo de ropa íntima.

El sexo es bueno en el matrimonio; de hecho, es una cosa de *Dios*. ¿Por qué tenemos que pensar que es extraño que Dios use una conversación en cuanto a sexo para abrir la puerta al evangelio? No deberíamos pensar que es extraño, porque disfrutar del diseño de Dios con las relaciones sexuales puede ser un camino para cambiar matrimonios y vidas.

Hablemos de relaciones sexuales

Hace varios años se nos pidió que habláramos sobre el matrimonio en el crucero matrimonial «Love Like You Mean It». Al principio, no sabíamos qué tema querían que consideráramos. Como seis semanas antes del crucero, le envié un texto a Bob Lepine, presentador del programa radial *FamilyLife Today* y director del crucero, y le pregunté sobre qué tema quería que habláramos. Después de intercambiar varios mensajes de textos sobre las opciones, Bob me escribió diciendo que quería que habláramos sobre las relaciones sexuales. Le escribí: «¿Estás seguro de que quieres que una pareja en los cincuenta hable de relaciones sexuales?». Él respondió: «¿Tienen ustedes todavía relaciones sexuales? ¡Entonces deténganse lo suficiente como para hablar al respecto!». Todavía me río por ese comentario.

Y en caso de que usted se pregunte, sí, todavía tenemos relaciones sexuales, y es tiempo de hablar algo al respecto. Cuando hablamos sobre este tema en esas conferencias matrimoniales por todo el país, a menudo vemos una hilera de parejas que quieren hablar con nosotros después. Esperamos que nos digan cuán maravillosa ha llegado a ser esta parte de su matrimonio pero, trágicamente, a menudo oímos lo opuesto. Esas parejas usan el poco tiempo que tienen —aun cuando fuera solo por treinta o cuarenta y cinco segundos— para revelarnos detalles de los problemas que tienen en sus vidas sexuales. No faltaría quienes dirían que revelan un poco más de lo aconsejable.

Oímos de hombres y mujeres por igual que, bañados en lágrimas, cuentan que sufrieron abuso sexual cuando niños y nunca se lo han dicho a nadie, hasta ahora. Oímos de esposos a quienes pillaron viendo pornografía... otra vez. Parejas que no han tenido relaciones sexuales en meses, años y hasta décadas. Hombres y mujeres nos dicen que no le han dicho a su cónyuge que tuvieron docenas de amantes antes de casarse. Esposos que sienten que deben tener relaciones sexuales con sus esposas varias veces al día, y que si no las tienen, se masturban. Esposas que nos han preguntado si sus esposos son culpables de haberlas violado. Esposos y esposas que preguntan si deberían contarles a sus cónyuges sus enredos sexuales. Parejas cristianas que quieren saber si deberían seguir viendo pornografía juntos. Y tenga presente que a menudo son conferencias basadas en iglesias.

Cuando hablamos con grupos en vivo, siempre nos divertimos con este tema, porque hay mucho sobre lo cual bromear y reírse. Pero la verdad es que a menudo estamos lastimados y heridos en este aspecto, y llevamos en la espalda mucha basura. Tantos de nosotros estamos batallando en silencio porque nuestra vida sexual es horrible y ni siquiera podemos hablar al respecto, ni aun con nuestro cónyuge. La lucha y el silencio pueden devastar nuestros matrimonios y nuestras propias vidas.

Por eso pensamos que usted debe aprender a hablar al respecto.

La relación sexual es uno de los más grandes gozos de nuestro matrimonio, pero también ha sido uno de los aspectos más difíciles. Con el correr de los años, hemos enfrentado incontables batallas para comprendernos en el dormitorio. Entender las necesidades *de ella*. Entender las necesidades *de él*. Entender conflictos en los deseos en cuanto a frecuencia... cuántas veces a la semana, al año o incluso al día. Hemos batallado con esto. Hemos llorado con esto.

Así que si usted está batallando con este asunto, no es el único. Ni en sueños.

Los miles de personas que han hablado con nosotros contándonos estos episodios... ¡son ustedes!. Somos nosotros. Crecimos en una iglesia, pero la mayor parte de nuestras vidas, la iglesia guardó silencio sobre este tema. Nunca se habló al respecto. Si alguna vez usted ha oído algo en cuanto a relaciones sexuales de alguien en la iglesia, especialmente de un pastor, lo que oyó le hizo pensar que en realidad era algo muy malo, que Dios estaba en contra de eso, y que a lo mejor usted se quedaba calvo si lo hacía. Pienso que tenían razón en cuanto a eso de quedarse calvo, y Dave en realidad es calvo, usted capta lo que estoy diciendo.

Pero todos sabemos que las personas batallan con toda clase de cuestiones sexuales; además, la cultura habla de sexo interminablemente. Está ante nuestros ojos cada segundo. No es posible ver un espectáculo como la sección de medio tiempo del *Super Bowl* o incluso una cuña comercial de hamburguesas sin que suceda algo sexual. Con razón nuestros hijos —y, seamos sinceros, nosotros mismos— a menudo no sabemos qué pensar en cuanto a las relaciones sexuales.

Exploremos tanto la perspectiva de Dios como la humana sobre el asunto. Echemos un vistazo a la belleza de Dios y al quebrantamiento humano.

Cómo sentirse cómodo con la sacra belleza del sexo

Dios diseñó el sexo: «Y creó Dios al hombre a su imagen, a imagen de Dios lo creó; varón y hembra los creó. Y los bendijo Dios, y les dijo: Fructificad y multiplicaos; llenad la tierra, y sojuzgadla» (Génesis 1.27, 28, RVR1960).

¿Quién es el personaje principal en este episodio? ¿El protagonista? ¿El que inicia todo? Dios. Fue Dios quien creó a Adán y a Eva, los puso en el huerto, los bendijo, y les dijo que fueran fructíferos y se multiplicaran. En ese momento el sexo se volvió parte muy real —y santa— del relato de la creación. Dios mismo creó el sexo, incluso ordenando que el primer esposo y la primera esposa lo disfrutaran.

Cuando estábamos en el seminario, planteamos la pregunta: «Desde la perspectiva de Dios, ¿cuál fue el propósito principal del sexo?». A menudo concluimos que había un propósito, es decir: la *procreación*. Ese fue el mensaje de la iglesia por décadas; que uno no debe tener relaciones sexuales excepto con el propósito de reproducirse. Pero eso no es bíblico. La procreación es uno de los propósitos, pero no es el único.

Además de la procreación, los otros dos propósitos del sexo son la *unidad* (o intimidad) y el *placer*. Para recalcar este punto, Dave a veces bromea con el personal de nuestra iglesia diciendo: «Dios

quiere que tengamos relaciones sexuales los días que tienen una erre.
¡Lurnes, martes, miércoles, juerves, viernes, sárbado y dormingo!».

En serio, consideremos primero el propósito de la unidad.
Cuando una persona tiene relaciones sexuales, sea en el matrimonio
o en una aventura de una noche, tiene lugar una conexión del alma.
Aun cuando la intimidad emocional parece estar tan distante de
la experiencia, el hecho es que Dios diseñó el sexo para que sea el
acto más íntimo, hermoso, en el cual los seres humanos pudieran
participar. Y hay una profundidad tal en la intimidad que va más
allá de lo físico.

La relación sexual es intimidad del alma.

Sin embargo hoy, si usted habla con personas desde la secundaria
hasta la edad adulta, hay una actitud por lo general frívola en cuanto
a la sexualidad. En realidad, no importa si «Lo amo» o en algunos
casos incluso si «Ella me gusta»; es simplemente un acto físico que
se hace por placer. ¡Pero Dios lo hizo para que sea mucho más! Esa
frivolidad es la razón por la que estamos tan asustados. Estamos tan
lastimados por cuanto la relación sexual no es simplemente un acto
físico, sino más bien algo que afecta nuestras mismas almas, y es por
eso que también puede hacer daño extremo.

Dios creó nuestra psiquis para que se ligue con la psiquis de aquellos con quienes tenemos relaciones íntimas. En la relación sexual se
liberan sustancias químicas que promueven la intimidad y la unidad,
algo que es diseñado —y es esencial— para el pacto del matrimonio.
Por eso es que tener relaciones sexuales con alguien fuera del contexto
matrimonial puede ser tan destructivo.

Como lo sabe cualquiera que alguna vez haya tenido relaciones
sexuales, el placer sexual virtualmente no tiene igual en ninguna
otra experiencia. Dios diseñó el cuerpo humano de una manera
tan extraordinaria que cuando un hombre y una mujer alcanzan la
excitación sexual, las terminaciones nerviosas liberan una sustancia
química en el cerebro que es muy parecida al éxtasis que causan las
drogas (¡no es que yo sepa algo de drogas!). Este «éxtasis» puede
ser adictivo, como cualquier droga. Obviamente, eso puede inducir

a muchas decisiones negativas cuando se trata de la relación sexual, pero también puede resultar en un vínculo único entre un esposo y su esposa. Este placer hace que queramos volver por más y que «al unirnos» nos vinculemos de una manera profunda y hermosa como esposo y esposa. Esto quiere decir que Dios liga a una pareja casada literalmente tanto física como químicamente cuando tienen relaciones sexuales. ¡Ah!

Es casi como si cada vez que hacemos el amor con nuestro cónyuge, estuviéramos renovando nuestros votos matrimoniales: ser uno hasta que la muerte nos separe. Esa es la belleza del placer sexual ordenado por Dios, combinado con el pacto del matrimonio. Solo un Padre bueno podría concebir algo así.

La relación sexual no es solo para unirse, sino también para sentir placer. No sé si usted lo haya notado, pero la relación sexual que se hace como es debido se siente bien; realmente bien. Esa es una dádiva de nuestro Creador, que nos diseñó para que experimentemos placer al tener relaciones sexuales. Piense al respecto de la manera en que alguien lo dijo una vez: «Solo Dios podía crear un acto tan placentero que cuando uno lo hace, dan ganas de gritar su nombre a todo volumen». ¡Espero que esté riéndose en estos momentos, porque es muy gracioso!

Esa charla del placer piadoso que se puede hallar en las relaciones sexuales hace que el fariseo que llevamos dentro se retuerza un poco. Tal vez se deba a que estamos muy distraídos por los puntos de vistas falsos de las relaciones sexuales con los que el mundo nos ha inundado, e incluso la iglesia. Es tiempo de que aceptemos el hecho de que Dios no se sonroja cuando se habla de relaciones sexuales o cuando se practican de acuerdo a su diseño perfecto. En realidad, creemos que Dios sonríe —e incluso hasta aplauda— cuando las parejas casadas hacen el amor. ¡*Ese* es un Dios que vale la pena conocer!

La Biblia está repleta de pensamientos de Dios acerca de cuestiones del sexo. Tómese este pasaje, por ejemplo: «¡Bendita sea tu fuente! ¡Goza con la esposa de tu juventud! Es una gacela amorosa, es una cervatilla encantadora. ¡Que sus pechos te satisfagan siempre! ¡Que su amor te cautive todo el tiempo!» (Proverbios 5.18, 19).

En la iglesia, cuando decimos *pechos,* la gente se atraganta. ¿Y que sus pechos te satisfagan siempre? ¡Sí! Eso está en la Biblia. De hecho, si usted no ha pasado mucho tiempo leyendo la Palabra de Dios, tal vez quiera leerla más después de descubrir pasajes como este. Cantar de los Cantares es literalmente una lectura calificada como Restringida. Habla de estriptís, sexo oral, salir al huerto para revolcarse juntos y más y, todo dentro de una relación matrimonial.

Si entendemos el corazón de Dios, entonces sabríamos que cuando un hombre y una mujer casados entre sí hacen el amor, Dios no se cubre el rostro y se dice: *Ah, vaya, ahí van de nuevo.* Al contrario, aplaude. Si usted no puede ver a un Dios que haga esto, permítanos afirmar que tal vez no conozca plenamente a Dios de la forma en que Él quiere que usted lo conozca. ¿Por qué otra razón nos iba a decir Dios que fructifiquemos, que nos multipliquemos y luego nos daría el sexo como el vehículo para lograr esos objetivos? Él pudo haber creado cualquier otro método que deseara para hacer que eso suceda, desde la polinización cruzada a la impregnación mediante estornudos; la industria de pañuelitos de papel explosionaría, de paso.

Más bien, escogió esta hermosa dádiva de la intimidad, la unidad y el placer sexual. Es una orden de Dios, no solo con el propósito de reproducir personas, sino también de reproducir un legado. Es un mandamiento porque nos acerca y nos une. Nos vincula de la manera en que Dios propuso. Por eso es que antes de casarse, el enemigo hará todo lo que pueda para hacer que usted tenga relaciones sexuales, pero después de que se case, hará todo lo que pueda para impedir que las tenga.

Si alguna vez hubo un aspecto del matrimonio en el cual necesitamos invitar la perspectiva vertical, es en nuestras vidas sexuales. De otra manera, el sexo llega a ser todo asunto de nosotros. Por tanto, algo que Dios diseñó singularmente para ayudarnos, sanarnos y unirnos se vuelve más bien algo que daña, hiere y nos separa.

¡Sazónelo!

Creemos que cuando invitamos a Dios a nuestros dormitorios, todo cambia y mejora. Su perspectiva nos invita a ser libres para disfrutar de la relación sexual en el matrimonio como lo propuso. Esto puede ayudarnos a volver a hallar gozo debajo de las sábanas; o en cualquier otra parte, a propósito.

Es tiempo de sazonarlo un poco más. Demasiadas parejas caen en una rutina tediosa, aburrida, cuando se trata de su vida sexual. El lado derecho de la cama. El lado izquierdo. Vamos, ¡sean algo creativos!

Hace unos años, Dave estaba hablando con el equipo de los Detroit Lions en su servicio semanal de adoración en un hotel antes del partido. Ese día era su cumpleaños e íbamos a salir a cenar después del servicio. Mientras Dave estaba en la plataforma hablando a más de treinta jugadores y entrenadores presentes, un jugador entró unos pocos minutos tarde. Se dirigió directo a la fila del frente y antes de sentarse le entregó a Dave un sobre que decía: «Para Dave Wilson. Emergencia. ¡Abrir de inmediato!».

Al principio, Dave no entendió la carta porque estaba en pleno mensaje. Pensó que lo que fuera aquello podía esperar unos minutos. Así que puso el sobre sobre el atril y siguió hablando. Pero al jugador de inmediato le dijo: «Dave, esto no puede esperar. ¡Tienes que leer esa carta en este mismo instante!».

De repente, entendió lo que estaba sucediendo. Pensando que algo terrible pudo haberles sucedido a los muchachos o a Ann, rápidamente rasgó el sobre y, aterrorizado, empezó a leer la nota en voz alta. Ahí fue cuando leyó las siguientes palabras en frente de todos los hombres: «Oye, muchachote, ven a buscar tu desnudo regalo de cumpleaños en la cama de la habitación 3136. Estoy esperándote. Mejor te apuras».

Entonces se dio cuenta de lo que acababa de leer; en voz alta, para que todos lo oyeran. Alzó la vista y vio a todos observándole boquiabiertos. No podían creer lo que acababan de oír. Dave recuperó su compostura y dijo: «Pues bien, muchachos, pienso que ya saben a dónde voy tan pronto como acabe con ustedes».

En ese momento, Bobby Ross, entrenador jefe de los Lions al momento, dijo: «Será mejor que lo hagas ahora mismo, Dave. Nosotros nos encargamos de esto». Y con esas, Dave salió corriendo del salón, ¡quitándose la ropa mientras se dirigía hacia el ascensor!

Hasta hoy los jugadores le dicen que nunca olvidarán ese servicio en particular. Comentan que la carta de cumpleaños de Dave modeló para ellos que un matrimonio profundamente espiritual tiene también una vida sexual profunda y creativa.

Así que, ¡adelante y sazónelo un poco! Vuelva a infundir algo de diversión y gozo en su dormitorio. Hablando de dormitorio, no es el único lugar en que pueden hacer el amor. Sea algo creativo. Nosotros simplemente decimos que en nuestra casa tenemos un trampolín… y un porche atrás… y una motocicleta. Está bien, la motocicleta solo ha sido una de nuestras fantasías, pero no estamos diciéndoles de quién.

Está bien, ahora ya puede dejar de sonrojarse. Este capítulo se acabó.

Capítulo 13

¿NO PIENSA USTED EN EL SEXO
todo el tiempo?

Era uno de aquellos días. Usted sabe cómo son. En vez de despertarme al instante con alegría y expectativa de todo lo que me esperaba, yo (Ann) necesitaba unas poleas para abrir los ojos. Conforme la luz invadía mi espacio, varias realidades se hicieron abundante y dolorosamente claras: tenía los primeros síntomas matutinos de un embarazo; mi hijo de dos años estaba en su cama chillando como una alma en pena; y el de cuatro años me halaba del brazo, recordándome —junto con sus berridos— que había amanecido y que tenía hambre.

¡Ah!... sí, era *esa* clase de mañanas.

Dave estaba trabajando en casa ese día, escribiendo un sermón con los pies sobre el escritorio y la Biblia sobre las piernas. Le eché un vistazo casual al pasar mientras me dirigía al dormitorio de los chicos para arreglar las camas y recoger la ropa sucia. C. J. estaba lanzándole almohadas a Austin, que le gritaba en desquite; ambos estaban corriendo alrededor de mí en círculos, gritándose uno al otro. Yo no me había duchado todavía, ni había pasado el cepillo sobre mi cabello desgreñado; ni siquiera me había cepillado los dientes.

Después de terminar en el dormitorio, pasé de nuevo por la oficina de Dave y eché otro vistazo. Allí fue cuando sucedió... de nuevo. Celos, envidia, lástima... todo me golpeó simultáneamente con mucha fuerza. *Ah, debe ser hermoso poder sentarse a solas con uno mismo leyendo la Biblia. ¡Su vida es mucho más fácil que la mía! Ni siquiera puedo recordar la última vez en que pronuncié una oración gramatical completa sin regañar o corregir; o la última vez que tuve una buena noche de sueño, a propósito.*

No dije nada de eso en voz alta, pero los sentimientos de descontento se plantaron y empezaron a echar raíces.

¡Zas!

Austin por fin conectó su puño con la espalda de C. J., y ahora ambos estaban llorando; *suspiro, de nuevo.* Mamá vuelve al rescate o, por lo menos, a la mediación. Deposité la ropa sucia en la canasta para lavar y puse a Austin encima de la ropa; probablemente se preguntaría si iba junto con la ropa al interior de la lavadora. Mi vientre encinta empezaba a dejarse ver, así que cuando recogí la canasta, tuve que sostenerla por debajo de la protuberancia que crecía. C. J. siguió detrás de mí y del pequeño Moisés que llevaba mientras salíamos del cuarto al corredor. Al pasar por la oficina de Dave, volví a mirarlo, y aquellos sentimientos familiares volvieron.

—Oye, Ann, ¡Espera un momento! —dijo Dave desde su oficina.

Yo hice una pausa esperanzada. ¿Querría darme una palabra de aliento —o tal vez incluso unirse a mí— en mis quehaceres domésticos rutinarios? ¿Había notado cuán duro estaba trabajando yo siempre y quería agradecerme por mis esfuerzos incansables? ¿Había recibido en su corazón un tirón de Dios y ahora se daba cuenta de que yo era lo mejor que jamás le había sucedido?

Mis ojos hallaron los de él esperando el trofeo verbal con que estaba punto de recompensarme. Aquí viene...

—¿Piensas tú en nuestra vida sexual todo el tiempo? —preguntó él como si nada.

No, no había manera de que hubiera preguntado eso. Tal vez un grumo de cera seca en el oído o de plastilina se había atascado en mi canal auditivo. Los muchachos berreaban para seguir avanzando, así que dije:

—¡Hagan silencio todos, para que pueda oír a papá! Ahora, ¿qué fue lo que dijiste, Dave? —Mi corazón estaba expectante pero temblando, esperando que lo había entendido mal.

—¿Piensas tú en nuestra vida sexual todo el tiempo? —Bajó las piernas del escritorio y volteó la silla hacia mí, mostrando una mera mirada sexi y un brillo esperanzado en los ojos.

Ahora bien, sé que usted tal vez esté pensando (o tal vez no): *Vaya, ¡qué bien que él piense de ti en esa manera! Eres una muchacha con suerte. ¡Debes ser una tigresa en el dormitorio!*

Eh, no.

Sí, me alegraba que mi esposo me deseara sexualmente. Ese es un don que no se debe disminuir ni descartar.

Ahora, en cuanto a ese asunto de la «tigresa», de nuevo diría... eh, no. En ese momento era más una vieja cabra cansada que acababa de escalar el monte Matalíbido. Yo estaba en esa fase que me dejaba sintiéndome como que si nada en mi cuerpo me perteneciera o que fuera lo mismo después de tres embarazos. Estaba viviendo en la infernal montaña rusa hormonal.

Y ahí estaba.

—¿Hablas en serio, ahora? —pregunté, mientras las lágrimas empezaban a aflorar a mis ojos. Obviamente él no las había visto todavía.

—¡Sí! Estoy sentado aquí pensando en nuestra vida sexual, ¡y acabo de darme cuenta de que yo pienso en eso *todo* el tiempo! —lo dijo como si tal revelación impulsaría nuestra vida sexual a nuevas alturas.

A mí no me quedaba nada, así que simplemente se lo solté.

—¡Mírame, Dave! ¿Parezco como que acabara de revolotear por toda la casa haciendo castillos en el aire sobre nuestra vida sexual? —y me deshice en lágrimas.

Supongo que fue la primera vez esa mañana que Dave verdaderamente miró la escena que tenía delante. Pelo desgreñado, ojos lagañosos, pantalones holgados y algún tipo de restos del desayuno aún fresco en mi camiseta. Sí, esa es la hermosa realidad de estar casada y tener hijos.

Con sus sueños destrozados de disfrutar de un «encuentro» esta mañana, bajó la vista, hizo girar la silla de nuevo a su lugar y volvió a subir los pies al escritorio.

—Qué mala pata —musitó.

Yo dejé escapar un profundo suspiro mientras acomodaba de nuevo la canasta de ropa sucia (y el niño) y volvía a bajar las dos series de escalones a la lavandería en el sótano. En todo ese trayecto, pensaba: *¿Cómo podemos ser tan diferentes? ¿Cómo es que no puede entender el mundo en que yo vivo? ¿Estaremos alguna vez de nuevo en la misma sintonía en lo sexual; especialmente puesto que yo preferiría darle un tortazo que acostarme con él?*

Elevé a Dios una oración con desesperación, sin esperar que me respondiera. Fue algo como esto: «Dios, ¡por favor ayuda a Dave a que entienda lo que es ser yo!».

Pienso que Dios pasó por alto el hecho de que yo no esperaba que me respondiera porque, permítame decirle, me contestó de una manera extraordinariamente efectiva.

Avancemos dos meses y empecé con parto prematuro; me pusieron a descansar en cama por cinco meses. Añada a eso el hecho de que estábamos en medio del riesgo más grande de nuestras vidas al empezar la iglesia Kensington. Nuestro mundo era un caos y, sin embargo, yo tenía que concentrarme en cuidar al pequeño que todavía estaba por llegar.

Puesto que yo estaba obligada a descansar, Dave valientemente asumió los quehaceres domésticos, incluyendo acarrear por la casa canastas con hijos, ropa y lo que fuera. Se convirtió en una mamá a tiempo completo durante el día y en pastor a tiempo completo por la noche, igualándose en todo su trabajo para la iglesia cuando los hijos estaban en la cama.

Varias veces, mientras pasaba frenéticamente de un momento caótico al otro, él pasaba por nuestro dormitorio, donde yo estaba acostada leyendo mi Biblia o un libro, incubando y meditando en paz, porque eso es todo lo que tenía que hacer.

Después de un día particularmente largo y agotador, Dave se dejó caer en la cama a mi lado, y dejó escapar un profundo suspiro: «¡Ha sido uno de aquellos días!», se lamentó. Empezó a recapitular todas las cosas que había tenido que hacer, y las circunstancias frustrantes que había tenido que acometer. El agotamiento parecido al de mamá empezaba a hacerle mella, incluso mientras hablaba. Sus palabras empezaron a mezclarse como si tuviera la lengua trabada, y sus párpados empezaron un descenso involuntario.

Pero justo antes de sumirse en aquella clase de sueño que solo el agotado puede verdaderamente apreciar, me incliné hasta muy cerca de su oído y suavemente le susurré...

«¿Acaso no acabas de pensar en nuestra vida sexual todo el día?».

Con una sonrisa traviesa, él lamió su dedo índice y levantó su mano en el aire, dibujando en un imaginario tablero de anotación un «1». «¡Punto!», susurró.

Frecuencia (e infrecuencia)

¿Alguna vez se ha preguntado por qué Dios hizo a los hombres y a las mujeres tan diferentes? Estas diferencias se revelan en muchos aspectos del matrimonio, pero en el nuestro, nada las ha sacado más a la superficie que las relaciones sexuales. No puedo exagerar cuánto hemos batallado Dave y yo con ese aspecto con el correr de los años.

Me pregunto si usted puede identificarse con eso.

En los primeros años de nuestro matrimonio, pensábamos: *¡Vaya, esto es fácil! ¿Por qué todas esas parejas se quejan de su vida sexual?*

El tiempo, el romance y el estar juntos abundaban en esos días; los ingredientes que hacen la receta perfecta para el éxito en el dormitorio. Pero entonces sucedió: ¡los hijos! Nos sentimos extasiados cuando descubrimos que yo estaba encinta. Hasta prometimos que nunca permitiríamos que el embarazo y los niños interrumpieran nuestro romance.

Pero se presentó la realidad: la presencia de esos pequeños seres humanos subdesarrollados en casa —y a menudo en la cama— interrumpe no solo el romance, sino también todos los demás detalles de la vida, desde dormir, a comer, a ir al baño a solas. Ah, el maravilloso milagro de los mejores días —y de los peores— de su vida.

El resultado fue que Dave y yo nos hallamos peleando constantemente por las relaciones sexuales. Él estaba frustrado por la frecuencia o, tal vez debería decir, la infrecuencia. Una vez le pregunté cuán a menudo le gustaría que tuviéramos relaciones sexuales. Sin vacilación, respondió:

—¡Todos los días!

Solté la carcajada y rápidamente expresé:

—Pues bien, ¡eso *no* va a suceder!

Con desencanto en el rostro y una ira contenida al rescoldo oculta, él preguntó:

—Pues bien, ¿cuán a menudo quieres *tú* que tengamos relaciones sexuales?

Él había abierto la caja de Pandora con eso. Quise responder: «Um, cuando empieces a ayudarme más con los hijos, ayudarme más en la casa, a darme un masaje en la espalda de vez en cuando, y me digas lo asombrosa que soy, tal vez *entonces* pensaré en tener relaciones sexuales en esos días».

Pero simplemente respondí:

—Dos veces a la semana, ¿tal vez menos?

Podemos meternos en problemas ofreciendo cifras como blanco sobre este tema. Es demasiado fácil que las personas empiecen a comparar su vida sexual como la de otros. Simplemente podemos descarrilarnos sin ninguna razón, sintiéndonos mal o bien por la frecuencia de hacer el amor. Pero en ese momento con mi esposo, solo estaba tratando de hallar algún terreno medio.

El punto fue que parecía que no podíamos hallar un equilibrio. Dave siempre se sentía abandonado sexualmente, y yo me sentía abandonada relacionalmente. Llegué a darme cuenta de que yo quería una relación sexual cuando me sentía bien en cuanto a nuestra relación personal; cuando sentía como que Dave y yo estábamos en la misma página y conectados emocionalmente. Dave, por otro lado, no necesitaba nada de eso para tener relaciones sexuales. Incluso así, una vez que habíamos hecho el amor, él parecía de repente sincerarse, más cariñoso y simplemente más feliz en general y más útil.

Parecía como si estuviéramos totalmente echándonos de menos el uno al otro y, sí, esperábamos que el otro diera el primer paso para corregir el problema.

Doblegados por el equipaje

Una noche estaba orando sobre eso, disculpe, permítame decirlo en otras palabras. Una noche estaba *descargando* sobre Dios lo frustrada que estaba con Dave y el hecho de que él y yo éramos tan diferentes en cuanto a las relaciones sexuales. A menudo veo y entiendo cosas mediante cuadros o ayudas visuales; y esa noche, dibujé un cuadro mental de cómo Dave y yo enfocamos el sexo en maneras tan disímiles. El cuadro que brotó en mi cabeza fue el de las maletas.

Para entenderlo mejor, permítame ilustrarlo. Imaginémonos que yo le lanzo *esa* mirada a Dave; usted sabe, esa que dice: «Oye, guapetón, ¿qué tal esta noche?».

Pues bien, cualquier cosa que Dave esté haciendo al momento es como si llevara una pieza de equipaje, es decir, una maleta. Cuando Dave está viendo un partido de fútbol, tiene la maleta llamada «deportes» en su regazo. En mi experiencia, los hombres tienden a recoger una maleta a la vez. En el caso de Dave, esto significa que solo abre una parte de su vida a la vez.

Esto explica por qué Dave y yo podemos acabar de tener la más grande pelea de nuestra vida y resolverla, y dos segundos más tarde él puede depositar la maleta del conflicto, recoger la que dice «sexo», y estar absolutamente listo para ir a la carga. Para él es tan fácil como cambiar de maletas.

Así que, cuando Dave recibe «la mirada», solo hay una cosa en su mente: sexo. Él recoge la maleta llamada «sexo», y nada puede arrebatársela de la mano; excepto el sexo mismo. Un terremoto de 9,9 puede estar estremeciendo el globo entero, pero él seguirá aferrándose al sexo —y probablemente estar haciendo el sexo— en plena catástrofe. «La mirada» es una señal para Dave para que suba a nuestro dormitorio, se meta en la cama y espere contra toda esperanza mientras se aferra a su maleta de sexo.

Yo, por otro lado, imagínese que estoy en el primer piso al final de un largo día, una mamá con tres hijos activos, un trabajo de tiempo parcial e incontables responsabilidades más. Como ve, en calidad de mujer, por lo general no recojo una sola maleta.

Yo las llevo todas al *mismo* tiempo.

Mientras Dave está en el segundo piso con un solo enfoque, yo estoy en el primero con muchos. Y por lo general, algo como esto está pasando por mi cabeza:

«Está bien, ¿qué debería preparar para el desayuno mañana? ¿Tenemos leche todavía? Tengo que empacar los almuerzos para los muchachos antes de irme a la cama». Como ve, yo he recogido la maleta de cocinar y la de la comida.

«Austin parece que está resfriándose y tiene congestión; tal vez no debería darle leche en la mañana porque eso parece que empeora la congestión. También se queja de que le duele el oído. Me pregunto si tendrá una infección. Debería llamar al médico por la mañana y pedir una cita, por si acaso». Acabo de recoger la maleta de enfermería.

«Será mejor que limpie la casa ahora, a fin de que no tenga que recoger las cosas por la mañana. Parece que el lavaplatos está lleno, así que mejor lo enciendo y lo pongo a funcionar. Vaya, ¡no he quitado el polvo por semanas!». Ahí está la maleta de la limpieza.

«C. J. tiene práctica de futbol mañana; ¿lavé ya todas sus cosas? ¿Qué pasó con la camisa de Dave que necesita estar planchada para la reunión este fin de semana?». Ahora estoy llevando la maleta de la lavandería.

«Acabo de ver mi Biblia en la banca. Ay, Señor, estoy tan atrasada en la lectura de la Biblia, y todavía tengo que preparar el estudio bíblico que dirigiré en dos días». Señal para recoger la maleta espiritual; más la maleta de la culpa por no pasar tiempo suficiente con Dios.

«Puedo decir que mamá y papá están dolidos porque no los he llamado más. Tengo que llamarlos y ver cómo les va; en efecto los quiero y los echo mucho de menos». Ahora acabo de recoger la maleta de la hija.

«Austin parecía triste esta noche. Tengo que pasar más tiempo con él esta semana para ver qué es lo que le pasa». La maleta de la psicóloga.

«Está bien, tiempo para subir, cepillarme los dientes, lavarme la cara; ah, ahora estoy notando nuevas arrugas. Me pongo mi piyama; parece como que estoy ganando peso en el estómago. Nota para mí misma: haz un mejor trabajo en eso de comer de manera saludable e ir al gimnasio más a menudo». Ahora he recogido mi maleta de «compararme yo misma con las mujeres más hermosas y espigadas del mundo».

Por último, miro el reloj solo para darme cuenta de que es casi medianoche, así que me digo a mí misma que haga un mejor trabajo mañana con el manejo del tiempo; que, de paso, es mi maleta de «organizar mejor a mi familia y a mí misma».

Para cuando me meto a la cama, tengo por lo menos diez maletas atadas a mi cerebro. Cada una es pesada y no puedo dejar de pensar en todo a la vez; ah, y a propósito. Dave también está aquí.

Dave me lanza «esa mirada»; la que yo le lancé, hace algo así como cinco horas atrás. Su versión de «la mirada» dice: *¿Dónde has estado? ¡Te he esperado aquí toda la noche con mi única maletita!*

Por supuesto, a estas alturas yo me he olvidado por completo que le había dado a Dave «la mirada» para empezar. Por lo general acabo pensando: *Tal vez, Dave, si no fueras tan egoísta y no pensaras solo en ti mismo, ¡yo hubiera estado aquí antes!*

Sí, esa maleta en particular necesita alguien que la lleve y, sin embargo, la pongo sobre mi corazón; es la maleta del «resentimiento y la autocompasión».

Dave se inclina y pone su mano sobre mi estómago.

—¿Qué piensas? —me susurra al oído—. ¿Lo haremos esta noche?

Por dentro lanzó un gemido, puesto que estoy agotada física y emocionalmente, exhausta por todo lo que he hecho y lo que todavía me queda por hacer. ¡No puede él entender que estoy cargando un montón de maletas!

—Cariño, estoy muy cansada. ¿Podría darte un pase para mañana por la noche?

Dave se voltea hacia su lado de la cama, arroja su maletita del sexo al piso con un bufido enojado, recoge su maleta del sueño y se queda dormido.

Y acabo de añadir una duodécima maleta a mi creciente pila: la maleta de la culpa en el matrimonio. Se posa sobre mi rostro mientras las lágrimas me invaden los ojos; el peso de esta maleta es sofocante. Ahora no puedo dormir, aunque estoy tan agotada. En realidad quiero tener la grandiosa vida sexual de antes, pero todo este equipaje parece pesar más cada año, y no sé cómo dejarlo a un lado durante las relaciones sexuales.

Tal como si doce maletas reales estuvieran sobre nuestra cama, siempre parecen obstaculizarnos el camino y dejar escaso espacio para que ocurra algo romántico.

Siento como si Dios me diera esta ayuda visual para explicarle a Dave el modo en que las mujeres llevan cargas tan pesadas. He usado esto incontables veces en conferencias matrimoniales para demostrarles a los hombres por qué nosotras, las mujeres, batallamos tanto en este asunto. No es que no nos guste el sexo, sino que más bien estamos abrumadas con la vida y las pesadas cargas que arrastramos por todas partes.

Ni siquiera he mencionado hasta aquí las maletas vitalicias del abuso sexual y otro equipaje sexual que incontables mujeres llevan a cuestas. Esto interfiere no solo con nuestra vida sexual, sino también con nuestra vida emocional.

Así que, volviendo a la pregunta: ¿por qué Dios nos hizo tan diferentes? ¿Por qué Dios hizo a las mujeres tan complicadas? En serio, parece que es muchísimo más fácil ser hombre; por lo menos en mi matrimonio. Permítame insertar aquí que algunas parejas hallan estos papeles y sentimientos intercambiándose en su matrimonio. Eso no es raro.

Después de hablar con Dave extensamente en cuanto a mis frustraciones y las suyas, me miró como con una expresión de alivio.

—¿Qué significa *esa* mirada? —pregunté.

—Acabo de darme cuenta de lo agradecido que estoy porque tú *no* eres como yo. Eso hace que me maraville por el ingenio de Dios.

—No te entiendo —confesé.

—Piénsalo. Si tú estuvieras hecha como yo, probablemente tendríamos muchas más relaciones sexuales, pero sería solo eso; simplemente sexo. No llevaría mucho tiempo, tampoco. La manera en que tú estás hecha hace que hablemos más en cuanto nuestra relación personal. Nos ayuda a profundizar más en nuestros pensamientos y sentimientos. Tú me ayudas en mi calidad de hombre a centrarme menos en mí mismo y a enfocarme no solo en tus necesidades físicas, sino también en las emocionales. Yo debería dejar de preocuparme primero en cuanto a tener una mejor vida sexual; seamos sinceros, necesito ser un mejor esposo, padre, amigo y siervo. Tu singularidad me induce a trabajar más fuerte para conocerte y ser cariñoso al buscarte de la manera en que solía hacerlo; la manera en que tú te mereces. Tú eres *mucho* más complicada que yo, pero haces que nuestra relación refleje la belleza y la unidad de Dios Padre, Hijo y Espíritu Santo.

Me dejó boquiabierta. Sé lo que usted está pensando: *¿Quién piensa de esta manera, en verdad?* Pero mi esposo es un hombre

muy listo y consagrado. Definitivamente no vi venir esa respuesta. Me hizo sentir bien en cuanto al diseño de Dios...
Aunque todavía pienso que sería mucho más fácil ser hombre.

Octogenarios y orgasmos

La «respuesta milagrosa» de Dave (como llegamos a conocerla) me hizo recordar una breve conferencia a la que asistimos una vez. Howard Hendricks y su esposa, Jeanie, eran los invitados especiales de la reunión. Howard ya falleció, pero ejerció un impacto espiritual gigantesco en Dave y en mí. Fue escritor, conferencista y profesor en el Seminario de Dallas. Después de terminar su charla esa noche, dio oportunidad para las preguntas. Un pastor de edad mediana alzó la mano. Este pastor había pasado mucho tiempo con Howard, recibiendo su enseñanza en el seminario. Aun así, me sorprendió por la audacia de su pregunta.

«Profe, ¿cómo son las relaciones sexuales a sus ochenta años?».

Un murmullo recorrió el salón; una mezcla de sorpresa y risitas contenidas por la pregunta y la audacia que se necesitaba para preguntar algo tan personal. Sin siquiera pestañear, Howard sonrió y en voz muy alta proclamó: «Ah, ¡son mejores que nunca!».

Mi primera reacción fue: *¡Qué asco!* Hallé su respuesta en cierta manera grotesca y, sin embargo, quedé totalmente deleitada por la misma. Al mirar a Howard, noté cuánto había envejecido en los años recientes debido a los estragos del cáncer y otros debilitantes problemas de salud que parecen contagiar a toda persona a mitad de los ochenta. Jeanie, su esposa, era la típica mujer «bien arreglada»; siempre hermosa y, ahora, una bisabuela elegante.

Howard se inclinó hacia delante en su asiento en el centro del escenario para ponerse su «sombrero de profesor», enseñándonos con la urgencia y la esperanza de que entendiéramos la verdad. «Hace poco habló conmigo, después de una clase, un joven casado que me pidió ayuda en cuanto a su vida sexual. Quería saber si había alguna noción en cuanto a posiciones especiales y otros consejos que pudiera darle para ayudarlos a él y a su flamante esposa en su batalla. Miré al joven directamente a los ojos y le dije: "Ustedes, muchachos, no sabrán nada de sexo sino hasta que hayan estado casados quince años. Antes de eso, ustedes piensan que todo es asunto de método, posición o lo bien que uno sea como amante. Después que uno ha estado casado un tiempo, empieza a darse cuenta de que Dios no creó el sexo para que fuera un asunto físico. El sexo es algo espiritual; es una unión del alma. Cuando sepas *eso*, ¡descubrirás unas relaciones sexuales maravillosas!"».

Cuando Howard concluyó, Dave y yo nos miramos, y nos dimos cuenta de que apenas habíamos estado arañando la superficie del diseño divino para el sexo en nuestro matrimonio. Siempre habíamos pensado que el sexo era la culminación del placer que terminaba en el clímax. Ese día me impresionó saber que la meta del sexo no es el orgasmo; la meta de una gran relación sexual es la intimidad y la unidad.

Estoy segura de que vendrá un día cuando debido a la edad, las condiciones de salud o las medicinas, la relación sexual se verá muy diferente de lo que se ve ahora; pero espero que Dave y yo podamos jactarnos de que pese a nuestra edad, podemos tener una maravillosa vida sexual, ¡debido a que el sexo maravilloso es la unión del alma!

Seamos prácticos

A estas alturas tal vez se sienta algo frustrado pensando algo como: *Está bien, gracias por las ayudas visuales y las teóricas, pero ¿adónde vamos a partir de aquí? ¿Cuáles son algunos pasos que podemos dar?*

Hombres, permítanme animarles a que le pregunten a su esposa por lo menos una vez a la semana: «¿Cuál es la maleta más pesada que estás llevando en estos momentos?». Significará mucho para su esposa que usted se preocupe por la vida de ella y esté dispuesto a intervenir y ayudarla. De hecho, tal vez la siguiente pregunta debería ser: «¿Hay alguna maleta que pueda llevar por ti que en realidad te ayude?».

Este es otro consejo para ustedes, hombres: a veces necesitamos algo de tiempo para dejar nuestras maletas. Cuando usé la ayuda visual del equipaje con Dave para explicar cómo me siento, pese a que él entendió mejor mis sentimientos, podría decir que se sintió algo desesperanzado. Si yo siempre estoy llevando tantas maletas y él me ayuda a llevar solo una, ¿cómo se supone que podemos hallar un terreno intermedio? De nuevo, es importante entender que ni hombres ni mujeres se equivocan en la manera en que, por lo general, llevan su equipaje; simplemente son diferentes. Yo tengo que dejar de enojarme con Dave por ser hombre, aun cuando necesito ayudarle a que entienda mejor el cuadro más grande de la vida que yo llevo.

Sin embargo, le dije a Dave que una de las cosas que me ayudarían a dejar unas cuantas maletas era que cuando me meto a la cama, me dé un masaje en la espalda aunque sea por cinco minutos para relajarme; eso haría mucho para ayudarme a dejar a un lado todos mis pensamientos conflictivos.

Y, caballeros, quédense en la espalda; no vayan más abajo a menos que se les invite. No todo momento de contacto físico tiene que llevar a relaciones sexuales o de otra manera sería demasiado fácil mostrar afecto en busca de algo para *usted* más que lo que pueda hacer por su amada. En cualquier caso, quedarse en la espalda siempre ha sido difícil para Dave; pero la práctica hace la perfección, hombres. Aprendan eso.

Y para ustedes, mujeres, he oído decir que cuando se trata de relaciones sexuales, los hombres son como hornos de microondas y las mujeres son como ollas de cocción lenta. Tal vez haya algo de cierto en eso, de modo que a veces es posible que quiera encender la olla de cocción lenta *antes* de meterse a la cama. Empiece pensando de antemano en esa noche, y hasta dispárele a su esposo unos cuantos mensajes de texto provocativos diciéndole que está pensando en él. En otras palabras, haga del sexo una de sus maletas importantes y no solamente una que él cargue. Sea intencional y concédase usted misma un espacio mental para considerar la intimidad como algo que vale la pena y es satisfactorio, y no solo algo que usted tiene que cargar a regañadientes. Una buena vida sexual debe ser como una fogata ardiendo en una noche fría: su calor los acercará.

Así que esfuércese por no llevar todas sus maletas a la cama todas las noches; de esa manera puede acercarse a su esposo sin tener que gatear por encima de una carreta llena de equipaje.

Una breve nota de Dave para los hombres

Hombres, tal vez quieran leer este capítulo varias veces. Ann acaba de darnos un montón de sabiduría desde la perspectiva femenina. Tomen asiento y *haaaablen* con sus esposas sobre este capítulo. Conviértanse en expertos en cómo piensa ella en cuanto a la relación sexual en su matrimonio. Sinceramente, no tuve ni idea por años... ¡y quiero decir *años*!

Recuerdo que Ann me dijo un día en la cocina después que le acaricié las nalgas:

—Todo lo que quieres de mí siempre que me tocas es sexo.

—Eso no es cierto —respondí.

—Entonces, ¿por qué acabas de acariciarme las nalgas? —dijo—. ¿Estás pensando en tener sexo en estos momentos?

—¡No! —insistí. Pero ambos sabíamos que le estaba mintiendo. Ella prosiguió para enseñarme en cuanto al «contacto no sexual». Sinceramente yo no tenía ni idea de qué estaba hablando ella, pero aprendí... y todavía estoy aprendiendo.

Muchachos, su esposa anhela que la aprecien; ¿recuerdan el capítulo al respecto? Ella desea que la toque con ese afecto tierno que comunica nada más que: *Te amo y me encanta el hecho de que eres mi esposa*. Si cada toque es sexual, ella empieza a sentirse como un «trozo de carne» (como me dice Ann). He aprendido con el correr de los años que agarrar a Ann por la mano y ponerle mi brazo sobre sus hombros en la iglesia hace que ella se sienta apreciada.

Sí, esos toques no sexuales pueden llevar a una gran relación sexual más tarde pero, de nuevo, esa no es la razón por la que deben hacerlo; deben hacerlo porque en realidad la aprecian. El toque no sexual es un juego previo para la esposa, no de la manera en que los hombres piensan al respecto, así que no crean que todo contacto debe llevar a una relación sexual. *Tóquenla porque la aprecian.*

Y, de paso, cuando ustedes empuñan la aspiradora y empiezan a limpiar la casa, ¡eso también se puede percibir como un juego previo! Lo sé, ¿quién lo diría?

Una breve nota de Dave para las esposas

Acabo de decirle a su hombre cómo ve usted el juego de estimulación. Pero ¿sabe qué es lo que realmente enciende a su hombre? No es necesariamente lo que usted piensa. Cuando usted hace el primer movimiento sexualmente, eso es un serio encendedor para su esposo. Esta acción dice que usted lo quiere... y para el hombre eso se siente como respeto.

Recuerde que el respeto es la necesidad número uno de él. Recuerdo una tarde cuando estaba hablando en una reunión con el personal de nuestra iglesia, como unas doscientas cincuenta personas. Mientras miraba las notas en mi tableta, un texto de Ann cruzó por la pantalla: «Oye, muchachote, será mejor que llegues a casa temprano esta noche, porque voy a hacerla superespecial».

Ahora bien, cuando ella me llama «muchachote», sé a dónde van las cosas. ¡Les aseguro que nunca han visto a un conferencista que termine una sesión tan rápido! Esa tarde dije algo como esto: «Dios acaba de decirme: "Esto es todo por hoy". Así que, ¡se cierra la sesión!». Y salí corriendo lo más rápido que era humanamente posible.

Cuando usted inicia el sexo con su esposo —por lo menos una vez ocasionalmente— eso comunica que usted lo quiere y, a veces, puede ser tanto o más importante para los hombres que decirnos simplemente que nos quieren. Eso no se debe a que no nos importe que nos quieran; es solo que nosotros por lo general ya lo sabemos.

Yo no he guardado ninguna de las tarjetas que dicen «Te amo» que Ann me ha dado con el correr los años, las que tengo guardadas en mi escritorio son las que dicen: «Te quiero... eres un hombre asombroso». Sé que eso puede parecer extraño para las mujeres, pero así es la manera en que Dios nos hizo. Aunque las mujeres pueden sentirse no queridas cuando su hombre no *haaaabla* con ellas, les revela sus sentimientos o muestra afecto con ternura, deben entender que cuando usted no quiere tener sexo con su esposo —nunca— él puede sentir que igualmente se le falta al respeto. Eso es importante para su hombre.

Capítulo 14

EL PROBLEMA DEL CUELLO DE DAVE

(perspectiva de Ann)

Fue en el verano de 1981 cuando yo (Ann) me di cuenta por primera vez de que Dave tenía un serio «problema en el cuello». Estábamos en Daytona Beach con Campus Crusade for Christ (CRU) durante la semana en que la mayoría de las universidades tienen vacaciones de primavera. Habíamos estado en el personal de la organización por menos de un año. Durante el receso de primavera, CRU envía a los universitarios a Daytona Beach para lo que ellos llaman «Operación Sonshine»; cuyo objeto es hablar con otros universitarios (que por lo general se la pasan en fiestas durante ese tiempo) y decirles que Jesús los ama y que tiene un plan para sus vidas.

Uno de esos días, cuando Dave y yo estábamos hablando en la playa, noté el problema por primera vez. Como ve, cada vez que una mujer hermosa, con casi nada de ropa, pasaba por donde nosotros estábamos en la playa, el cuello de Dave parecía no dejar de torcerse y girar para comerse con los ojos a las chicas que pasaban delante de él; y continuaba observándolas *hasta que se perdían a la distancia* en la playa.

Déjeme decirle que, ¡eso *me enfureció*! El problema que estaba a punto de tener era que le «retorciera el cuello».

—En serio, Dave. Yo estoy justo aquí y no puedes dejar de comerte con los ojos a esas muchachas.

—¿De qué estás hablando? —replicó él con un tono inocentón que no le creí ni por un instante.

Al principio pensé seriamente que estaba bromeando, pero pronto me di cuenta de que eso de «ver chicas» había sido un hábito tal que ni siquiera se percataba de que lo hacía. Por supuesto, es probable que usted diga: *¿A quién le importa? Gran cosa. Él no le está haciendo daño a nadie.*

Pues bien, en este caso, usted se equivocaría: ¡me estaba haciendo daño *a mí*!

Como muchas mujeres —y muchos hombres también, a propósito— yo no poseía exactamente la mejor autoestima en lo que se refiere a imagen corporal. El espejo no era mi mejor amigo. Debido a ello, cada vez que Dave «volteaba y torcía el cuello» en mi presencia, sentía como si me estuvieran metiendo un puñal en el pecho. Y hablando de pechos, también podía oír una mentira en alguna parte en mi cabeza que decía: *Sabes, Ann, si tus tetas fueran más grandes, Dave no querría mirar las de las otras mujeres. Si te vieras mejor en tu traje de baño, ¡te estaría viendo a ti solamente!*

Eso me torturaba.

Tenía solo veinte años y quería, desesperadamente, que mi esposo tuviera ojos solo para mí. En apariencia estaba furiosa, pero por dentro, solo quería sentarme y llorar, porque sus acciones sacaban al aire libre todas mis horribles inseguridades. Esa noche me fui a la cama tratando de enfocarme en algo positivo; en cualquier cosa excepto en la vergüenza de que tenía unos muslos demasiado grandes y unas tetas demasiado pequeñas.

Mi último pensamiento antes de que mis ojos se cerrarán fueron: *Pues bien, Jesús, al menos la playa no estaba llena de muchachas sin ajustadores. ¡Gracias por resguardarme de eso!*

Poco sabía yo que Jesús probablemente soltó una risita por mi oración; como ve, Él sabía lo que venía.

Las muñequitas Barbie suecas

Avancemos al verano de 1984, cuando Dave y yo estábamos en el segundo año del seminario. Como parte de nuestros estudios, teníamos que hacer un internado en el extranjero. Así que decidimos dirigir un viaje de béisbol, puesto que Dave era el líder de un programa de discipulado para beisbolistas universitarios. Planeamos viajar por Europa y auspiciar algunas clínicas de béisbol, todo ello mientras hablábamos con otros jugadores y aficionados, y les decíamos que Jesús les amaba y que tenía un plan para sus vidas.

Cuando estábamos decidiendo a qué lugar ir, uno de los guías del viaje nos preguntó si estábamos conscientes de que estaríamos haciendo las clínicas en una playa en Suecia donde entre el uno y el dos por ciento de las mujeres andan sin sostenes.

Eso era algo grave. *No...* nadie nos había dicho eso. Sin embargo, razoné que si era solo entre el uno y el dos por ciento, no sería *tan* malo. Después de todo, el guía en efecto nos dijo que esas pocas mujeres estarían en los lugares más remotos de la playa.

¡Así que fuimos a Suecia, Finlandia y Alemania! Estábamos muy emocionados porque experimentaríamos nuestro primer viaje misionero y veríamos a Dios obrar. Aterrizamos en Suecia y abordamos los autos que nos llevarían a las viviendas junto a la playa. Mientras conducíamos, el sueco encargado de llevarnos se volteó hacia nosotros y preguntó: «¿Alguien les dijo que por lo menos la mitad de las mujeres en esta playa no usan ajustadores?».

¡Noooooo!

Cuando llegamos a la playa y al restaurante, sentí que se me retorcía el estómago. Lo siguiente es lo que pensé: *¡Este es el viaje misionero más insensato que jamás podríamos haber hecho! Agarremos a veinte hombres jóvenes y adolescentes que todavía no hayan cumplido una veintena de años o que acaban de cumplirlos —todos, piénselo, tratando de crecer en su relación con Jesús—, y pongámoslos en la playa con un montón de muchachas medio* *desnudas, luego díganles: «¡Buena suerte! ¡Ahora, vayan y hablen de Jesús con todas ellas!».*

Los veinte entramos en aquel restaurante playero en el que ya se había preparado la comida para nosotros. Era un encantador saloncito con puertas que daban directamente a la playa. Los muchachos estaban hambrientos, y todos estábamos cansados del viaje. La comida estuvo deliciosa y el salón estaba lleno con la expectativa de lo que nos aguardaba en aquella escala del viaje. Yo estaba frente a la puerta que daba a la playa, la que tenía una vista extraordinaria del agua azul cristal y la arena blanca.

Entonces sucedió lo inevitable. El marco de la puerta, repentinamente, se cubrió con tres bellezas despampanantes, de piernas largas y enormes senos. Eran Barbie y sus dos compañeras, eran mujeres de verdad, seres humanos vivos; ¡y alguna chiquilla en alguna parte olvidó ponerles la parte superior de sus bikinis!

El salón quedó en silencio al instante; se podía oír la caída de un alfiler. Observé alrededor de la mesa, para ver que las quijadas —literalmente— colgaban abiertas... y es probable que hubiera incluso algo de baba cayendo sobre el mantel.

Entonces, de repente, recordé a mi esposo de veintiséis años sentado al lado mío y una ola de temor me oprimió el corazón. Volteé para mirarlo. El estado en que lo vi fue casi triste; su cabeza estaba como desmadejada. Además, se estaba metiendo comida en la boca como si nunca hubiera comido. Al instante —aunque temporalmente— sentí alivio porque su problema del cuello no había tenido una recaída súbita en ese preciso momento.

Para animarlo, me incliné hacia él y dulcemente le susurré al oído: «Si levantas la cabeza aunque sea por un segundo, ¡date por muerto!».

El trío de Barbies alegremente ordenó algunos tragos en el mostrador y volvieron jovialmente a la playa. Después que se fueron, el salón volvió a la normalidad, se oía el vocerío entusiasmado de los jugadores; yo me preguntaba por qué.

Sin embargo, los líderes del viaje y los entrenadores parecían algo desconcertados mientras se preguntaban cómo podrían mantener a esos jóvenes bajo control y enfocados en la misión. Yo, por otro lado, sentí que el miedo, el temor y la ira me molestaban abrumadoramente.

Nos asignaron nuestras habitaciones y Dave salió para sus reuniones, de modo que yo quedé sola en la habitación; sola con Dios. Estaba lastimada, enojada y temerosa de que mi joven esposo me hallara algún defecto. Estaba más que enojada con Dios. Sentía como que me había traicionado.

Mientras deambulaba de un lado a otro en la habitación, le grité: «Dios, tú conoces todos mis temores e inseguridades. Te he dicho incontables veces que *este* sería mi peor temor. Tengo miedo de que Dave lamente haberse casado conmigo cuando pudo haber tenido a alguien más voluptuosa y hermosa».

La verdad es que cuando niña no podía esperar a crecer para verme como Barbie. Después de todo, ¿no era ella el icono —o epítome— de cómo se debe ver toda mujer? Yo fui muy atlética y fui gimnasta por años, pero las que fueron curvas suaves en un tiempo se habían convertido en músculos duros, llenos de nervios. En vez de transformarme en una Barbie, dejé de crecer y alcancé la impresionante estatura de un metro cincuenta y cinco; estaba destinada a ser para siempre más bien como la hermana menor de Barbie, Skipper.

Cuando Skipper entra en un lugar nadie queda boquiabierto.

Mientras continuaba mi perorata, sentí un pequeño susurro que chocó con mi enojo. «Ann, ¿puedes confiar en mí?».

«¡No! ¡No *puedo* confiar en ti! ¡Eso es bastante obvio ahora!».

Pero mientras continuaba despotricando, la pregunta seguía en mi mente. Era implacable: «Ann, ¿puedes confiar en mí?».

Al fin, agotada por el miedo, el enojo y las lágrimas, caí de rodillas delante de Dios y clamé: «Dios, ¿qué alternativa tengo? ¡Voy a confiar en ti! Por favor, ayúdame. Me aferro a ti como mi Ayudador, mi Guía… y mi Padre. Te necesito no solo para que *me* ayudes a atravesar esto, sino para que ayudes a *Dave* también».

Una sensación de valor y fortaleza empezó a llenar mi corazón, lo suficiente como para que disminuir algo de ansiedad. De nuevo traté de aferrarme al recordatorio de que Jesús me amaba —y que también amaba a Dave— más de lo que yo podía esperar o soñar.

Un momento decisivo

No quiero resumir todo esto como si un prolongado problema de temor y ansiedad se disipara solo después de una breve oración; no, los problemas continuaron, pero yo tuve la paz y la esperanza para enfrentarlos. Como ve, el matrimonio es una experiencia sinuosa con vueltas y recovecos, ganancias y pérdidas; no una colección de fotos instantáneas. A menudo tratamos emocionalmente al matrimonio —y a las relaciones personales en general— como si cada momento de fracaso o triunfo dentro de él estuviera aislado en cierta manera. Un mal momento equivale a un mal matrimonio, en tanto que un buen momento equivale a un buen matrimonio. Todo depende del momento en que estamos viviendo, no del cuadro completo. Esta es una forma pobre y difícil de ver el matrimonio, porque la verdad es que en todas las relaciones personales se experimenta todo lo anterior. Si usted trata de evaluarlas en función de los altibajos, está buscándose una desazón relacional.

Así que no, ese momento no arregló por completo todos los asuntos en nuestro matrimonio, pero tampoco hay que restarle importancia; porque algo milagroso definitivamente sucedió en ese viaje a las playas de Suecia. En otras palabras, ese viaje fue un momento decisivo en cierta manera. Por primera vez, Dave empezó a experimentar un nivel de éxito con el problema de su cuello, y por primera vez yo empecé a darme cuenta de que mi valía no se originaba, ni podía aumentar, y ciertamente no estaba limitada de ninguna manera por mi apariencia física.

Llegué a percatarme más que nunca de mi identidad verdadera, más profunda: soy hija del Rey de reyes y Señor de señores; y Él es un Padre *muy* orgulloso y protector. He sido hecha y estoy equipada para llevar a cabo un plan que mi Padre celestial preparó de manera singular para mí exclusivamente. He sido hecha con un propósito y un destino, que a la vez satisfacen mi alma y reflejan el amor de Cristo al mundo. Estas verdades son mucho más atractivas que Barbie o sus equivalentes humanas, las trillizas Barbies suecas.

Al reflexionar en esa tarde de hace como treinta años, no puedo menos que contener una risa por la insignificancia de mi dilema. En retrospectiva, si eso hubiera sido lo más difícil con lo que tenía que lidiar, mi vida habría sido bastante fácil. Pero no debemos minimizar nunca la importancia de las cosas «pequeñas» en nuestro desarrollo emocional, en el crecimiento de nuestro matrimonio, ni en el corazón de nuestro Salvador para intervenir en cada faceta de nuestras vidas. Cuán dulce es que Dios nos enseñe pacientemente a caminar con Él y a confiarle las cosas grandes *tanto* como las pequeñas.

De hecho, Dios usa la confianza que ha forjado en nosotros durante las «pequeñas» crisis para sostenernos en las grandes. Desde ese viaje, he enfrentado verdaderos asuntos de vida o muerte relativos a mi propia salud, la de nuestros hijos y hasta la pérdida de mi mejor amiga y hermana, a los cuarenta y cinco años de edad.

Una vez tras otra, en cada una de esas situaciones, Dios me ha hecho la misma pregunta que me hizo años atrás en aquella playa sueca: «Ann, ¿puedes confiar en mí?».

Nunca ha sido fácil, pero he descubierto que sí, *puedo confiar en* Él. Él siempre está ahí. Amándome profundamente. Me lleva y nunca me deja. Me consuela y me anima a que mantenga mis ojos en Él; es posible que usted crea que mis ojos tienden a desviarse cuando surge la incertidumbre o la crisis.

Ese es el problema que tengo con mi cuello.

En el libro de Proverbios, que es una colección de sabiduría divina para vivir, Salomón escribe: «Confía en el Señor de todo corazón, y no en tu propia inteligencia. Reconócelo en todos tus caminos, y él allanará tus sendas» (Proverbios 3.5, 6).

Dios nos llama a que confiemos nuestras vidas completamente a Él y a sus caminos. Piense en su propio matrimonio. ¿Marcha bien cuando usted le confía a su cónyuge «algo» de su corazón? Tampoco sucede así con Dios. Él nos invita a ese temible lugar de absoluta confianza. Es como asomarse a un precipicio sin otra cosa que una cuerda sujetándolo; no puede entender por completo la fuerza y la seguridad que la cuerda tiene mientras no ponga *todo* su peso en ella. Usted puede hablar del poder de esa cuerda. Puede entonar canciones sobre esa cuerda. Puede memorizar estadísticas acerca de esa cuerda. Pero mientras no se asome al precipicio, enfrentando el peligro de la muerte que se avecina, y pruebe la seguridad de la cuerda, usted nunca sabrá el valor de esa cuerda.

Dios está llamándonos a dejar de apoyarnos en nuestro propio entendimiento acerca de la manera en que pensamos que Dios debería dirigir nuestras vidas. Es más, Él continúa preguntándonos: «¿Confías en mí?». La invitación es a una rendición completa para permitirle que obre con *su* plan —y a *su* manera— en nuestras vidas. Su camino es mucho mejor que el nuestro, por difícil que parezca al momento. El lugar más seguro —y también el más temible— en la tierra es justo en medio del plan de Dios para usted.

¿Le confiará sus desencantos? ¿Sus miedos? ¿Sus luchas?

¿Su matrimonio?

¿Sus hijos?

¿Su vida?

Confiar en Él es la esencia de vivir verticalmente.

Capítulo 15

EL PROBLEMA DEL CUELLO DE DAVE

(desde su propia perspectiva)

Ah, el viejo problema del cuello. Lo sé demasiado bien. La perspectiva de Ann revela brillantemente cómo y cuándo ese *pequeño* problema mío se asomó por primera vez en nuestro matrimonio... y la mayoría de los hombres lo llamarán «pequeño» en un esfuerzo por tapar el hecho de que en realidad no lo es en absoluto.

El problema aflora como algo muy sencillo. Soy varón, lo que significa que siempre me ha gustado ver a las mujeres hermosas. Todavía tengo recuerdos vívidos de cuando tenía doce años y empecé a notar las nuevas curvas de mi vecina Sally, que hasta ese momento solo había sido otra amiga del vecindario.

¡Ese estatus de amiga siempre cambia muy rápido!

Nunca antes había notado a Sally ni a las otras chicas, pero ahora tenían toda mi atención. Hasta ese momento, jugar con las niñas en la calle era igual que jugar con los niños. Pero tal como Peter Parker, que se despertó una mañana con un «sentido arácnido», desperté una mañana con el intenso sentido de que había algo enteramente diferente en Sally; y en mí también, de paso. De repente, sentí por ella cosas que no solo nunca antes había sentido por nadie, sino que literalmente tampoco había sentido *en absoluto*. Había cosas en mi cuerpo que estaban impulsando esos sentimientos y esas sensaciones.

Todo varón en el planeta sabe exactamente de qué estoy hablando. Así que, desde la pubertad y en adelante, quedé afectado con lo que Ann llama mi «problema del cuello». Mirar a las mujeres que pasaban era algo en lo que nunca siquiera había pensado, antes de que me llamaran la atención a esta dolencia. No sabía que me había contagiado, porque hasta donde podía decir, también había contagiado a todo otro hombre que yo conocía, y es simplemente parte de ser hombre.

Como ve, así es como los hombres a menudos piensan acerca de este «problema» —es decir, sus deseos sexuales— como si «el deseo sexual» fuera una condición médica irreversible, incontrolable, para la cual no hay cura y por la cual no se les puede considerar responsables. Esta es una manera peligrosa de pensar, porque justifica los pensamientos y acciones negativas como si fueran inocuos, ineludibles y, en última instancia, inevitables. Empezamos a considerarlos como un tipo de crimen sin víctimas, porque no estamos pensando en las mujeres reales que seguimos con miradas lujuriosas, sino más bien con su imagen, que convenientemente hemos separado de su valor y su humanidad.

«¡Vamos!» nos decimos nosotros mismos. «¡Nadie puede evitar que uno se coma con los ojos a esas muchachonas! ¡Dios me hizo así!».

Esto es solo media verdad. Dios, en efecto, nos hizo individuos sexuales, pero no nos hizo incapaces de controlar nuestros deseos. Él nos ha provisto las Escrituras, su Espíritu y su pueblo para equiparnos con el fin de impedir que esos deseos nos controlen, para ayudar a que esos deseos hallen su satisfacción apropiada y, sí, hasta divertida en el marco de un matrimonio saludable, apasionado.

No obstante muchos hombres no lo llaman problema; simplemente lo llaman biología. Sin embargo, no fuimos creados para que nos domine la biología; más bien, hemos sido fortalecidos por el propio Creador de la biología misma. Fuimos hechos para poseer dominio propio, incluso en este aspecto de nuestras vidas.

Negativa en Daytona

La verdad es que nunca supe que tenía un problema hasta que Ann me lo señaló en la playa en nuestro primer viaje a Daytona Beach. Sinceramente, nunca me di cuenta de que hacía eso; siendo «eso» el hecho de voltear el cuello y comerme con los ojos a toda mujer con poca ropa que pasaba frente a mí, incluso cuando mi esposa me miraba avergonzada e insegura. Eso se había vuelto una parte tan normal de mi vida, que cuando Ann me confrontó, lo negué. En serio, pensé que estaba chiflada o que estaba reaccionando de manera exagerada. Racionalicé que ella estaba siendo demasiado sensible y que estaba exagerando mis acciones para generar un drama o captar mi atención.

A pesar de mis protestas, ella definitivamente captó mi atención.

Cuando dejamos la playa y volvimos a la habitación, me hizo sentir que ese «problema del cuello» la lastimaba profundamente. Me dijo que mis acciones hacían que se sintiera denigrada y fea. También me dijo del bochorno que se sentía mientras otras personas seguramente notaban que yo me comía con los ojos a otras mujeres. Ann era una mezcla de cólera feroz y lágrimas; de nada servía que yo negara todo. Como hacen las personas a menudo, cuando están justificándose, empecé a usar lenguaje concluyente. Dije que «yo nunca miro a otras mujeres». Sí, en realidad usé la palabra *nunca*.

Tal vez era yo el que estaba exagerando... ¿cree usted?

Pero me mantuve firme, aunque ella no creyó nada ni por un segundo. Esa misma noche asistimos a una concurrida reunión social, por lo que decidí evaluarme yo mismo (puesto que la evaluación de Ann obviamente no era confiable) para ver si en realidad yo miraba *tanto* a otras mujeres. Por supuesto, sabía que Ann también me estaría observando mientras hablábamos con los demás en el enorme salón, así que esta fue también mi oportunidad para demostrar que ella se equivocaba. Además, ninguna de las mujeres en esa reunión estaría en bikini, como las muchachas de la playa, así que, ¿cuán difícil sería mantener mi «energía de hombre» concentrada solo en Ann? Casi al final de la noche, había descubierto que aquello era mucho más difícil de lo que yo había esperado.

Detesté admitirlo, pero Ann tenía razón: tenía un problema con el cuello.

Un pacto con mis ojos

Ahora que mis ojos habían sido abiertos no solo a la presencia de otras mujeres, sino también a la manera en que había estado mirándolas, empecé a evaluar mis propios patrones. Con certeza, era cierto que mis ojos parecían naturalmente seguir a toda mujer atractiva que pasaba o estaba incluso en la periferia. Ann tenía razón. Ahora, en términos de sus *conclusiones* en cuanto a que mis ojos deambulaban, yo todavía no concordaba. Quiero decir, no era que yo quisiera tener relaciones sexuales con cada mujer a la que miraba... yo no era un animal. Este tren de pensamientos era el modo en que yo justificaba mi problema del cuello.

Sin embargo, en ese momento, por lo menos le había hecho frente al hecho de que en efecto estaba clavando la mirada en otras mujeres todo el tiempo; y no simplemente mirándoles la cara; mis ojos también recorrían sus cuerpos de arriba a abajo.

Todo ese asunto me parecía alocado porque nunca antes había notado mi problema. Aunque seguía protestando por el nivel de reproche de Ann, no podía negar el hecho de que ahí estaba yo junto a ella, consciente de me estaba mirando como un halcón, y sin embargo tenía que batallar con todas mis fuerzas para no clavar mis ojos en otras mujeres.

La verdad más alocada es que amaba absolutamente a Ann y la consideraba la mujer más hermosa que jamás había conocido. No me gustaba mirar a otras mujeres porque estuviera insatisfecho con nuestro matrimonio o con Ann; nada podría estar más lejos de la verdad. Más bien, parecía que había desarrollado un hábito realmente malo que nunca antes enfrenté, como estoy convencido de que la mayoría de los hombres tampoco lo han hecho.

Uno no tiene que ir en busca de asesoramiento profesional para saber que el primer paso para tratar con cualquier problema es, en realidad, reconocer que lo tiene. Esa noche di el primer paso. Admití ante Ann y ante Dios que tenía problemas viendo a las mujeres inapropiadamente. Mi mayor deseo era honrar a Ann y a Jesús con mis ojos, así que me comprometí ante ambos a tomar el control de ellos.

Job dice: «Yo había convenido con mis ojos no mirar con lujuria a ninguna mujer» (Job 31.1). Esa noche hice el mismo pacto. Ya no iba a permitir que mis ojos deambularan sin rienda, mirando lujuriosamente a otra mujer que no fuera mi esposa... ¡jamás! Cuando dejé de batallar contra el hecho de que tenía un problema, la solución pareció más sencilla; quiero decir, ¿cuán difícil podría ser? Estaba en realidad confrontando mi problema y superándolo.

Un camino al cambio

Según resultó, vencer mi problema fue mucho más difícil de lo que yo pensé. Había estado usando ese patrón por más de diez años y nunca antes había tratado de dejarlo, porque nunca había pensado que debía intentarlo. Se volvió evidente que a fin de cumplir ese nuevo pacto, iba a tener que trabajar en serio con mi mente. Los ojos que deambulaban y el «problema con el cuello» eran meramente una extensión de mi mente.

Me había vuelto holgazán con mi mente, permitiéndole que se detuviera en pensamientos impuros en cuanto a las mujeres a quienes seguía con mis ojos. Había actuado como si mi «problema con el cuello» era algo inocente, pero la verdad era que —como ocurre con la mayoría de los hombres con el mismo problema— yo desvestía mentalmente a esas mujeres. Daba rienda suelta a la fantasía, aunque fuera por unos segundos, de que me acostaba con ellas. Había abrazado esa clase de pensamientos antes de casarme y ahora me daba cuenta de que llevé esos patrones a mi matrimonio. Tenía que acabar con eso, ¡y tenía que acabarse *ya*!

Muchos hombres quieren empezar la jornada al cambio implementando alguna disciplina o una nueva costumbre para invertir el hábito viejo. No me entienda mal, porque eso puede ser útil, pero la senda al cambio no empieza con uno haciendo por sí mismo lo que es necesario para cambiar; eso es un enfoque horizontal. Lo que más necesitamos es el enfoque *vertical*.

Yo tenía más que un mal hábito; tenía un corazón que codiciaba otras mujeres. Sí, este corazón amaba a Jesús y deseaba agradarle; mis faltas no habían negado su gracia por mí. Pero yo necesitaba esa gracia ahora más que nunca, no solo para que me perdonara, sino también para que me equipara con la capacidad sobrenatural para hacer más que desviar mis ojos, sino también desviar mi corazón.

Las buenas prácticas son útiles, pero son impotentes para trasformar al corazón. Pero cuando reconocemos nuestra necesidad delante de Dios, y creemos correctamente en cuanto a nuestra maldad y nuestra necesidad de rectitud vertical, entonces un poder más alto que nuestros propios esfuerzos empieza a afectar nuestra situación. Dios hace lo que nosotros jamás podremos hacer, conforme deseemos y esperemos que lo haga. ¿Queremos una experiencia transformadora que sea tan fuerte como nuestra capacidad para disciplinarnos nosotros mismos? Una gracia así no luce muy asombrosa, para nada.

De modo que empecé reconociendo mi problema y la necesidad que tenía de que Dios transformara mi corazón. No lo insulté intentando cambiar por mí mismo primero y recurriendo a Él cuando mi plan fracasara. Acudí a Él como la Fuente de mi cambio; de *cualquier* cambio que valga o que dure. No, tal vez usted no sienta un enorme «ajá» en su corazón o la completa remoción de toda tentación cuando acude primero a Dios; pero, créame, cuando usted se lo pide, Él inmediatamente empieza la misma transformación en su persona, algo que usted jamás puede producir por sí mismo.

Prácticas espirituales

Después que empecé con lo vertical, también pude considerar lo horizontal. En mi caso, empecé implementando nuevas prácticas y disciplinas que reflejaban el cambio de corazón que creía que Dios estaba haciendo en mí. La práctica que más me ayudó a conquistar este hábito fue la meditación y la memorización de las Escrituras.

Siempre había estudiado la Palabra de Dios, leyéndola y analizándola a diario, pero nunca había atacado un problema específico en mi vida aplicando directamente la Biblia. Así que decidí dedicar los próximos seis meses de mi vida a memorizar y meditar a diario en el tercer capítulo de la Carta de Pablo a los Colosenses. Pero la razón real por la que incluso pensé hacer eso brota de lo que Pablo escribió en cuanto a cómo Dios renueva nuestro entendimiento:

> Por lo tanto, hermanos, tomando en cuenta la misericordia de Dios, les ruego que cada uno de ustedes, en adoración espiritual, ofrezca su cuerpo como sacrificio vivo, santo y agradable a Dios. No se amolden al mundo actual, sino sean transformados mediante la renovación de su mente. Así podrán comprobar cuál es la voluntad de Dios, buena, agradable y perfecta.
>
> Romanos 12.1, 2

En este pasaje podemos ver que Pablo nos instruye como creyentes a no copiar los patrones de este mundo. La mayoría de los hombres en el mundo actual no piensan dos veces en cuanto a mirar y comerse con los ojos a las mujeres... *a todas*. Este es el patrón de nuestro mundo: convertir en objetos a las mujeres como objetos sexuales en lugar de verlas como personas que Dios ha creado con valor infinito aparte de sus cuerpos o su capacidad para saciar las fantasías sexuales de alguien.

Aunque parezca directo y severo, la realidad es que nuestra cultura considera esta manera de pensar como simplemente parte de ser hombre. Nuestro lema ha llegado a ser: «¿Qué daño hay en tanto y en cuanto simplemente esté viendo?». Pablo dice que debemos rechazar este tipo de pensar y más bien escoger la *renovación* de nuestro entendimiento; en esencia, escoger los caminos verticales de Dios por encima de los procesos horizontales de pensamiento de nuestra cultura.

Sin embargo, ¿cómo exactamente es renovado nuestro entendimiento? Pablo responde a esa pregunta en el versículo 1: «Presenten sus cuerpos en sacrificio vivo a Dios». Pablo invoca una imagen del Antiguo Testamento del sacerdote que mata a un animal como sacrificio y lo ofrece como pago por el pecado. El apóstol dice, en efecto, que debemos morir a nuestros propios deseos, y más bien ofrecernos nosotros mismos vivos a Dios. Esto significa entregarle todo; incluso aquellas partes de nuestras vidas que son bochornosas de admitir, como mi problema del cuello.

A menudo hacemos que conceptos como este sean tan espirituales que ni siquiera intentamos aplicarlos a asuntos «terrenales». Pero vea que Pablo usa específicamente el término *cuerpos*. La manera en que usted mira a esa muchacha que pasa por su mesa en el restaurante; ofrézcale *esa* situación familiar como sacrificio a Dios.

Y si le ofrecemos esas cosas, Dios renovará nuestro entendimiento por su Palabra. Eso fue lo que me llevó a Colosenses 3.1-10, puesto que es un pasaje cargado de verdad en cuanto a nuestro entendimiento:

> Ya que han resucitado con Cristo, busquen las cosas de arriba, donde está Cristo sentado a la derecha de Dios. Concentren su atención en las cosas de arriba, no en las de la tierra, pues ustedes han muerto y su vida está escondida con Cristo en Dios. Cuando Cristo, que es la vida de ustedes, se manifieste, entonces también ustedes serán manifestados con él en gloria. Por tanto, hagan morir todo lo que es propio de la naturaleza terrenal: inmoralidad sexual, impureza, bajas pasiones, malos deseos y avaricia, la cual es idolatría. Por estas cosas viene el castigo de Dios. Ustedes las practicaron en otro tiempo, cuando vivían en ellas. Pero ahora abandonen también todo esto: enojo, ira,

malicia, calumnia y lenguaje obsceno. Dejen de mentirse unos a otros, ahora que se han quitado el ropaje de la vieja naturaleza con sus vicios, y se han puesto el de la nueva naturaleza, que se va renovando en conocimiento a imagen de su Creador.

Tenía que ofrecerme yo mismo a Dios por completo, así que decidí permitirle que renovara mi entendimiento memorizando *su manera de pensar* en vez de la mía. Así que memoricé estos diez versículos con la meta de meditar en ellos día tras día por más de seis meses. Acabé haciendo esto por todo un año. Todos los días me despertaba y memorizaba otra parte de este pasaje, pasando casi una hora estudiando y meditando en lo que enseña.

Mediante este proceso de someterle mi cuerpo y mi voluntad, Dios empezó a entrenar de nuevo mi entendimiento para que more en Cristo y no en las cosas terrenales... como los cuerpos de otras mujeres. Al sumergirme en sus caminos, Él cumplió su promesa y empezó a renovar mi entendimiento. Y, aunque usted no lo crea, conforme mi entendimiento y mi corazón empezaron a ser renovados y transformados por Cristo y su Palabra, a mis ojos les ocurrió lo mismo.

Eso no sucedió de la noche a la mañana, pero poco a poco mi problema del cuello empezó a ceder. Seis meses más tarde, Ann me dijo: «¿Te das cuenta de que ya no sigues con los ojos a las mujeres que pasan?». Ese momento fue una victoria pequeña pero muy significativa en mi vida y en nuestro matrimonio.

Yo no lo sabía en ese instante, pero esa victoria no duraría.

La cajita negra

Cuatro breves años más tarde, fui nombrado capellán del equipo profesional de los Detroit Lions. Era un sueño hecho realidad. Cinco años atrás decliné la oferta de un agente libre incluso de hacer la prueba para un equipo de la NFL, y ahora estaba llegando a ser el capellán de otro equipo.

Ann y yo acabábamos de graduarnos del seminario en California. Así que, a poco de recibir mi maestría en religión, nos mudamos a Detroit. A la semana de nuestra mudanza, yo estaba en las líneas laterales del campo de entrenamiento de los Lions. Unos días más tarde, me embarqué en el avión del equipo para nuestro primer juego previo a la temporada en Seattle.

Todo eso para mí era nuevo y muy emocionante.

Aterrizamos en Seattle y nos inscribimos en el hotel del equipo. Rara vez me había alojado en un hotel de ese calibre; era un sitio ostentoso de cinco estrellas. Al recoger la llave de mi habitación, me di cuenta de que iba a estar solo en ella, porque cada uno tenía su habitación propia. *No hay problema,* pensé. *Esto me da algo de tiempo para trabajar en el sermón que le predicaré al equipo en nuestro servicio de la capilla mañana por la mañana.*

Al entrar en mi habitación y guardar mis maletas, vi una cajita negra encima del televisor. La caja tenía una tarjeta que explicaba cómo funcionaba. Era un artefacto digital para ordenar películas; tenga presente que esto era en 1985. Esas cajas ya hace mucho tiempo que desaparecieron, pero así es como se ordenaban las películas en esos tiempos.

Me paré frente al televisor y leí la tarjeta. Básicamente, había seis opciones de películas: tres de «Hollywood» y tres pornográficas. Al leer las descripciones de cada película en la tarjeta, mi corazón empezó a latir aceleradamente. Me hallé atraído a las películas pornográficas. Yo había echado un vistazo ocasionalmente a las revistas *Playboy* y *Penthouse* en mis años universitarios, pero nunca había sido atraído fuertemente a nada más de eso desde entonces; y con certeza nunca había visto una película pornográfica en mi vida.

Sin embargo, ahí estaba yo, con un deseo cada vez mayor de ordenar una de esas películas. El corazón literalmente se me salía del pecho. La adrenalina corría por mi cuerpo mientras miraba la tarjeta. Sabía incluso al leer el resumen de la película que esas películas pornográficas estaban fuera de límite para mí. No había manera en que comprometiera mi matrimonio, mi ministerio y mi andar con Cristo por ver una película de sexo.

Pero entonces leí el último párrafo de la tarjeta, donde decía que la película no sería añadida a la cuenta de mi habitación a menos que la viera más de cinco minutos. Uhm, eso significaba que podía mirar cuatro minutos y cincuenta y nueve segundos, sin que nadie lo supiera.

Esa información lo cambió todo.

Encendí el televisor. Oprimí el botón para ver una de las películas pornográficas. Me quedé frente al aparato, vi probablemente unos treinta segundos de pornografía y lo apagué.

Eso fue todo; treinta segundos que cambiaron mi vida.

Mi matrimonio.

Mi legado.

Mi andar con Dios.

Sinceramente, no recuerdo lo que hice luego, pero creo que incluyó caer de rodillas y confesar mi pecado. Anduve de un lado a otro toda la noche, doblegado con la culpa y la vergüenza. Cuando hablé con Ann por teléfono, me «escondí»; y probablemente usted sepa lo que quiero decir. Durante todo ese tiempo estuve consciente de que en alguna manera tenía que pararme y predicar al equipo de Detroit Lions en la capilla a la mañana siguiente, sabiendo que estaba encubriendo mi pecado.

Qué manera de empezar un ministerio en la Liga Nacional de Futbol (NFL, por sus siglas en inglés).

El encubrimiento

Cuando volví a casa, Ann me bombardeó con preguntas sobre mi primer viaje con la NFL. Estaba muy emocionada y quería oír todos los detalles, pero yo no podía dejar de pensar en mi pecado. Ahora tenía un secreto.

Nunca antes le había ocultado a Ann ningún secreto. Nuestro matrimonio era completamente transparente. Prometimos en los años de nuestro noviazgo decirnos todo, por difícil que fuera. Ahora yo estaba rompiendo ese voto; no había manera en que pudiera decirle a Ann lo que había hecho. Eso la destrozaría, especialmente desde que superé mi «problema del cuello» varios años antes. ¿Qué había hecho? Al fin decidí que encubrirlo era lo mejor que podía hacer porque, después de todo, *nunca* volvería a hacer algo parecido; o por lo menos así lo pensaba.

En el próximo viaje con el equipo, entré a mi habitación en el hotel, y la guerra empezó de nuevo como si nunca hubiera salido de la primera habitación. Tan pronto como vi la caja negra encima del televisor, me vi enredado en la lucha de mi vida. Sinceramente no podía creer el abrumador poder de mi deseo por ver pornografía. Mi carne simplemente tenía ganas inaguantables de otro breve vistazo de un poco más de desnudez femenina y sexo.

Después de luchar y batallar, oprimí de nuevo el botón, esta vez vi unos cuarenta y cinco segundos o algo así. Vi más carne y más actos sexuales; y esas imágenes quedaron grabadas en mi alma. De nuevo le confesé a Dios mi pecado y prometí nunca más volver a ver algo como eso. Esta vez, lo racionalicé porque no era tan malo, porque no había alquilado la película.

De nuevo se lo oculté a Ann al hablar por teléfono; sí, ahora mi secreto estaba creciendo.

Cuando volví a casa de ese viaje, Ann pudo captar que había algo diferente en mí. Me preguntó varias veces qué andaba mal. Y simplemente respondí: «Nada; ¡todo está bien!». Pero ella siguió preguntándome hasta que al fin le respondí colérico. Ahora no solo tenía un secreto, sino que también estaba diciendo mentiras.

No voy a cansarle con los detalles, pero este patrón de pecado y encubrimiento continuó por tres meses. Nunca alquilé una película, pero seguía viendo un minuto o dos de pornografía en cada viaje de los Lions. Ah y, por supuesto, confesaba mi pecado y le predicaba un sermón al equipo —la mañana siguiente— acerca de la manera de vivir como «un hombre de Dios».

Mi corazón lo decía en serio cuando me arrepentía cada vez, pero me sentía como un absoluto hipócrita; porque lo era.

Como si eso no fuera suficientemente malo, mentía sobre ese asunto a los hombres del grupo al que le rendía cuentas. Cada miércoles por la mañana me reunía con mis tres mejores amigos; cada uno le exigía cuentas al otro en cuanto a poner en práctica lo que les prometimos a Jesús, a nuestras esposas e hijos, y nuestro compromiso con la integridad. Sobre todo lo demás, queríamos que nuestras vidas reflejaran nuestras palabras. Cada semana, nos preguntábamos unos a otros acerca de nuestros pensamientos y cualquier asunto de pureza sexual que estuviéramos enfrentando; sobre todo qué habíamos visto. Cada semana, cuando me tocaba el turno en la conversación, yo decía: «¡Me va bien! No hay nada impuro en mí».

No era otra cosa que una mentira descarada.

Este patrón se enconó dentro de mí, envenenando mi vida y mi matrimonio con una impureza y una vergüenza insoportables, hasta que al fin —después de otro viaje lleno de pecado—, no pude continuar mintiendo. Cedí y le conté a Ann todo; todo lo que usted acaba de leer, y más.

Fue uno de los puntos más bajos de mi vida.

Ann quedó devastada. Estaba dolida, enojada; *extremadamente* herida y airada. Volvió a sus antiguos sentimientos de ineptitud, como si mi deseo de ver pornografía significara que ella no era lo suficiente hermosa; o lo suficiente buena en la cama. Le dije que no tenía nada que ver con eso pero, por supuesto, ella no podía creerme ni entenderlo. Vamos, ni siquiera *yo* lo entendía.

Entonces vino la ira. Con toda razón, ella estaba furiosa conmigo por mentirle tantos meses mientras yo encubría todo. Ya no podía confiar en mí. ¿Adónde conduciría todo eso? ¿Qué otros pecados había estado yo tapando? ¿Estaba eso sucediendo solo en los pasados meses, o había sido toda mi vida?

Un voto roto había erosionado la integridad fundamental de todos los que yo le había hecho.

Quisiera poder decir que una vez que mi pecado salió a la luz, desapareció; pero no fue así. Todavía batallaba para controlar ese deseo y, a menudo, cedía. Cuando Ann me lo preguntaba, yo mentía de nuevo, y de nuevo, y de nuevo. Luego, más tarde, cuando ya no podía aguantar la culpa, se lo confesaba todo; lo que la ponía más enojada porque yo le había mentido al respecto tantas veces antes. Ahora ella me veía no solamente como un adicto a la pornografía, sino también como un mentiroso consumado.

Tenga presente que todo eso sucedía *mientras* yo estaba ayudando a dirigir una iglesia maravillosa que estaba creciendo por miles cada año.

Como puede imaginarse, había múltiples capas de esta batalla de las que podría hablar por años, pero basta con decir que ir a lo vertical no fue simplemente un acto aislado, sencillo. El asunto asoló mi vida y amenazó con destruir nuestro matrimonio y nuestro ministerio, pero la gracia de un Dios vertical nos mantuvo unidos.

Ann y yo, a la larga, tuvimos victoria en nuestra batalla; es decir, en *mi* batalla. Fui libertado de la adicción a la pornografía. En todos los lugares donde hablamos en el país (y quiero decir en todos), los matrimonios nos piden ayuda en este aspecto. La pornografía y la tentación sexual son asesinos silenciosos en la iglesia, y muy pocos están dispuestos a hablar con franqueza al respecto, mucho menos admitir que tienen un problema.

En verdad, no planeamos en principio dedicar todo un capítulo a este tema, pero parece que Dios nos condujo aquí, así que esperamos que pueda ayudarle a usted o alguien que usted conozca que enfrente esta batalla intensa.

Pasos para lidiar con la tentación sexual

PASO 1: DÍGASELO A SU CÓNYUGE

Si está batallando con la tentación sexual, es tiempo de salir de la oscuridad y *decírselo a su cónyuge*. Usted no ganará solo esta batalla y, por difícil que se sienta hacerlo, sacarlo a la luz siempre es lo mejor.

Es por naturaleza humana que escondemos nuestro pecado. Heredamos esta característica de Adán y de Eva en el huerto del Edén. Ellos usaron hojas de higuera para tapar su pecado; nosotros usamos toda clase de cosas para tapar el nuestro. Nada de esconderse. Pídale ayuda a Dios, y luego dígaselo a su esposo o esposa. Es posible que él o ella peguen el grito al cielo. Tal vez lloren. Tal vez digan: «¡Quisiera que nunca me lo hubieras dicho!». Ann hizo y dijo todas esas cosas, pero hoy le diría que se alegra de que yo tuve la valentía de decírselo.

Por alocado que luzca, ella confía en mí hoy más que nunca y, por lo menos, parte de la razón es que me conoce por dentro y por fuera. No queda nada de máscara. No hay nada de disfraz. Ella me conoce mejor que cualquier otra persona en el planeta, y esta transparencia ha conducido al restablecimiento de una confianza mayor que la que en un momento destruí.

Paso 2: Consiga ayuda de otras personas

El primer paso es decírselo a su cónyuge, pero el segundo paso crucial es decirle a alguien más *aparte* de su cónyuge. Los hombres deben decírselo a otro hombre y probablemente a más de uno. Hay seguridad en la fuerza y la sabiduría colectiva. Esto también es cierto con las mujeres; y a menudo ellas hallan más fuerza en números mayores. En otras palabras, los hombres tienden a necesitar de otro hombre o dos, en tanto que las mujeres a menudo prefieren a otra mujer... ¡o a quince!

Por supuesto, la persona a quien debe usted buscar *debe* ser alguien de su mismo género. Comprendió eso, ¿verdad? Usted, como hombre, nunca debe contarle su tentación sexual a la esposa de otro hombre. Necesita a alguien que entienda lo difícil que es su batalla porque puede identificarse con ella.

Recuerdo haberle contado mi batalla a uno de mis mejores amigos. Él no me condenó, sino que más bien convino en exigirme cuentas. Debido a su bondad y su receptividad inicial, me sentí bien y le informaba cuándo mi tentación surgía.

Sin embargo, no me lo preguntó sino seis semanas después de nuestra primera conversación. Me di cuenta allí mismo de que él no era el hombre apropiado para exigirme cuentas. Esta es una lucha de todos los días que hay que enfrentar *a diario,* sobre todo en el mismo comienzo de su camino a la victoria.

PASO 3: PROTÉJASE

La tentación sexual tiene similitudes con todas las demás tentaciones y, sin embargo, es profundamente diferente. Ninguna otra tentación es tan implacable. La pornografía es adictiva y si usted se concede a sí mismo acceso a ella, caerá; no importa quién sea usted o cuán fuerte piense que es.

Así que tiene que dar los pasos para bloquear todas las avenidas de acceso a su pecado. En mi casa no puedo ver nada en la televisión por cable que sea calificada con restricciones. Ann tiene el código de acceso a esos canales y jamás me dejará saber cuál es; ¡qué bendición! Felizmente, ella no batalla con ese pecado, pero yo no puedo actuar como si no lo tuviera.

Mi computadora y mis dispositivos digitales tienen instalado un *software* protector que impide que tenga acceso a lo malo en un momento de debilidad. ¿Es exageración? Quiero decir, ¿soy todavía así de débil? Sinceramente, no quiero saberlo; así que simplemente evito la oportunidad de hallarme en un momento de tentación que pudiera haber evadido. Algunos de ustedes no pueden evadirlo, pero muchos sí pueden.

Por los pasados veinticinco años como pastor en mi iglesia, nunca he estado a solas con otra mujer aparte de Ann. Nunca aconsejo solo a las mujeres. Tengo una ventana en mi oficina de manera que la gente pueda ver adentro en cualquier momento. He tenido la misma secretaria por más de veinticinco años, y tanto ella como yo nunca hemos salido a comer solos ni hemos estado solos en un auto. ¿Por qué tanta seguridad? Porque quiero estar por encima de todo reproche y nunca dar ningún espacio para que mi carne salga al frente y me derribe.

Este es un problema extremo, así que no escatime medidas extremas.

Paso 4: Aunque no caiga, siga cayendo de rodillas

Sí, es importante buscar a Dios cuando uno ha caído, pero permítame animarle también a que continúe buscando fuerza en *Él cada día y todos los días,* aun cuando no tenga problemas. Usted *no puede* ganar esta batalla con sus propias fuerzas; simplemente pregúnteselo a alguien que lo haya intentado. Será mucho más fácil si usted cree esto y no tiene que aprenderlo a los golpes.

Su andar con Cristo es el fundamento vertical para la victoria en este y todos los aspectos de la tentación. Esta no es una victoria tipo «inténtalo más fuerte». Usted nunca ganará en la vida cristiana simplemente «intentándolo más fuerte». Usted tiene que apoyarse en aquel que ya ha hecho la obra, permitiendo que su vulnerabilidad ante Él y ante las personas le guíe a un estilo de vida con un entrenamiento sabio, ya sea mediante sus disciplinas espirituales diarias o simplemente a través de hábitos conversacionales francos y coherentes. Esto es esencial para ejercitarnos nosotros mismos para la piedad (véase 1 Timoteo 4.7).

CUARTA PARTE:

La vida vertical

Capítulo 16

ENTREGA
total

A mí (Dave) me gustan los aniversarios como a cualquiera; pues bien, tal vez incluso más que a cualquiera. Pero los momentos especiales en nuestro matrimonio tienen para Ann un plano de relevancia totalmente distinto. A ella *le encantan* las fiestas y hace de cada momento especial un hito inolvidable. De hecho, uno de sus lemas en la vida es «haz un recuerdo»; y no hay nadie mejor para hacerlo. En nuestra casa, los cumpleaños son como el Desfile de Disney, completo con fuegos pirotécnicos, serpentinas y regalos envueltos que emergen de cada rincón de la casa.

Vayamos a nuestro vigesimoquinto aniversario de bodas. No soy ningún tonto; aun *yo* sabía que ese aniversario iba a ser grande. Quiero decir, es un cuarto de siglo, por todos los cielos. Este hito iba a ser supersignificativo, así que yo sabía que tenía que hacerlo *en grande* para Ann.

Empecé a pensar al respecto en septiembre, nueve meses enteros antes de nuestro aniversario en mayo. No hay que restarle a la significación de cuán temprano empezaron a trabajar mis procesos de pensamiento. Yo quería sorprenderla con algo extravagante que a ella le encantaría.

A ella lo que más le gusta es viajar, así que empecé a devanarme los sesos buscando maneras en que pudiéramos volar a algún lugar extra especial, que para nosotros, los que vivimos en el casi siempre helado paisaje de Michigan, significa algo cálido.

Pero entonces, mi mente adelantada se enfrentó a un enemigo conocido. El problema con viajar hacia el sur a lugares exóticos es que cuestan dinero. *Montones* de dinero. En realidad, deberían considerar ofrecer cupones o algo en las fronteras de los estados costeros. Ni soñarlo, no tuvimos suerte.

Así que se me ocurrió un plan ingenioso.

El plan era que yo empezaría a orar en septiembre por un viaje a México en el venidero mes de mayo... ¡y que fuera *gratis*! No estoy bromeando. Me ponía de rodillas todos los días y le pedía a Dios que nos llevara por avión a un lugar de veraneo en México, en algún momento de mayo sin que nos costará nada. Dios puede hacer cualquier cosa, ¿verdad? Y Él quiere que oremos de manera específica, ¿correcto?

Así que lo hice.

Todos los días.

Por meses.

Y nunca le dije a Ann nada al respecto. Este era un pequeño arreglo especial entre Dios y yo. Los meses del otoño dieron paso a las fiestas, pero no se materializó ningún viaje gratis a México. Yo seguí orando. Día de Acción de Gracias. Navidad. Año Nuevo.

Nada.

Así que cuando llegó enero, empecé a reflexionar que sería mejor que se me ocurriera otro plan, porque parecía que Dios no estaba haciendo nada de su parte en cuanto a nuestro trato, aunque yo seguía haciendo mi parte de suplicarle a diario.

Y entonces sucedió el milagro.

Yo acababa de bajar del estrado después de predicar un domingo por la mañana, cuando una joven pareja que nunca había visto se me acercó. Él se llamaba Derek y su prometida se llamaba Tiffany. Se preguntaban si era posible yo estuviera disponible para oficiar su

futura boda. Les hablé en cuanto a los procedimientos prematrimo-
niales que nuestra iglesia requiere y ellos respondieron que de buen
gusto seguirían el proceso, pero que en realidad necesitaban cierto
tipo de respuesta por parte mía en ese momento. Cuando les pregunté
por qué, oí estas preciosas palabras... palabras que nunca olvidaré.

«Pues bien, nuestra boda es el venidero mes de mayo, en un lugar
de veraneo con todo incluido en México —dijo Derek—. Tiffany y
yo los llevaremos por avión gratis a usted y a Ann por una semana,
si usted puede oficiar nuestra boda».

¿Captó usted la parte de *gratis*?

¿Captó la parte de *todo incluido*?

Más importante aun, ¿captó usted la palabra *gratis*?

Eso no era otra cosa que un milagro del tamaño de Dios. Me
lancé a los brazos de Derek y le di un beso en la mejilla, lo que no fue
tan estrafalario. Él no tenía ni idea de que Dios acababa de contestar
meses de mis oraciones.

Ann y yo nunca habíamos estado en un lugar de veraneo con
todo incluido. «Todo incluido» es como se dice en español «sueño
de un cicatero»; no soy lingüista, pero estoy seguro de que eso es así.
Sea como sea, cuando uno llega a uno de esos lugares de veraneo, le
ponen una pulserita que les informa a todos que desde ese instante
y en adelante, todo en ese lugar es completa y totalmente gratis para
que usted participe hasta hartarse. No hay que pagar por comida. No
hay que pagar por bebidas. Nada. Todo está pagado con su cuota de
inscripción... la cual, por supuesto, fue pagada por Derek y Tiffany.

Ann y yo pasamos los primeros días de nuestro viaje asoleándo-
nos y divirtiéndonos en nuestra maravillosa tierra mexicana con todo
incluido. Estábamos virtualmente ajenos a todos los demás que estaban en los terrenos de nuestro pequeño retiro privado. Para el tercer
día, casi me había olvidado por completo de la ceremonia de bodas
que se aproximaba, cuando nos tropezamos con Derek y Tiffany.
«Oigan —dijeron—, nosotros esperábamos que ustedes pudieran
pasar algo de tiempo con nosotros y los que asisten a nuestra boda.
Los trajimos acá para que nos ayudaran a influir en nuestros amigos

que no asisten a la iglesia. Nos imaginamos que ustedes dos serían una influencia positiva en ellos para que consideraran a Jesús».

Ahora bien, ese es un concepto interesante: ejercer una influencia positiva en las personas para que consideraran a Jesús mediante una boda. Derek y Tiffany tenían una visión seria con su boda; y no era simplemente disfrutar de México. Ahí estábamos.

Les preguntamos qué iban a hacer esa noche y sugirieron que los acompañáramos a ellos y a sus amigos que se iban a reunir para cenar y ver uno de los espectáculos. Les dijimos que iríamos.

Ann y yo fuimos temprano y ocupamos unos asientos frente al salón de baile al aire libre. Conté más de cien mesas para cenar frente al gigantesco escenario cortinado. Tuvimos una cena muy buena con el grupo de la boda y esperábamos el *show*.

Justo antes de que terminara la cena, un trabajador del lugar nos preguntó a Ann y a mí si queríamos servir como voluntarios en el programa. No nos dijo exactamente para qué nos estábamos ofreciendo, pero lo próximo que supimos es que estábamos tras bastidores con otras siete parejas.

Mientras esperábamos, se levantó el telón y el maestro de ceremonias pasó al escenario con un micrófono. Entonces anunció al público que íbamos a participar en una competencia de baile. «Estas ocho parejas bailarán diversos estilos de música de todo el mundo y ustedes votarán para eliminarlas, una por una. La pareja que quede, ganará el gran premio».

En ese momento todo lo que yo podía oír era puro silencio.. Ann y yo éramos los peores bailarines del mundo. Nos encanta bailar. Incluso siempre quisimos ser buenos para bailar, pero no lo éramos. Pues bien, Ann es una buena bailarina, pero yo soy terrible.

La música empezó con un animado vals. *1-2-3. 1-2-3.* Solo se necesitaron unos pocos conteos de tres para demostrar que éramos pésimos en el baile. Estábamos danzando el vals a tropezones por el escenario, orando que fuéramos la primera pareja que descartaran. Como siempre, nuestras oraciones fueron contestadas; en efecto, fuimos la primera pareja a la que el público descartó.

¡Fiu!, me alegré de que eso terminara.

Mientras volvíamos a nuestros asientos, el maestro de ceremonia nos preguntó quiénes éramos y de dónde veníamos. Yo respondí:

—Dave y Ann Wilson, de Michigan.

No sé si el público estaba lleno de gente del Medio Oeste, pero de repente empezaron a aplaudirnos estruendosamente para que volviéramos a la competencia. ¡Fue la única ocasión en mi vida en que hubiera preferido un abucheo!

El maestro de ceremonias oyó la petición colectiva y dijo:

—Dave y Ann, ¡ustedes vuelven a participar!

—No, está bien —respondí con timidez—. Estamos bien aquí, sentados y observando. En serio.

Pero él y el público no lo aceptaron; así que estábamos de nuevo en la competencia, quisiéramos o no... y para que conste, era un «no».

Aun así, y contra todas las probabilidades concebibles tanto terrenales como celestiales, después de otras cinco canciones nosotros estábamos entre las tres parejas finales que quedaron bailando. *Vaya.* Para esas tres parejas finales, el maestro de ceremonias informó al público que bailaríamos una por una para el gran premio.

«Dave y Ann de Michigan, ustedes son los primeros».

Por supuesto que lo fuimos. Al dirigirnos al frente del escenario, nos reveló que la categoría final era «música de los años sesenta, acrobática». Le pregunté qué quería decir con eso de acrobática y simplemente respondió: «Mientras más acrobáticos sean, más posibilidades tienen de ganar el gran premio».

Lo que usted debe saber a estas alturas es que soy extremadamente competitivo. De hecho, mi deseo de ganar se mostró en ese caso incluso más fuerte que mi disgusto por estar en esa competencia de baile. Aun más, nadie es más competitivo que yo... excepto, eso sí, mi encantadora esposa, Ann. Ambos detestamos perder, no importa lo que sea. (Tal vez ahora ve por qué tenemos tanto que escribir en cuanto a sobrevivir las peleas en el matrimonio).

Ah, y no olvidemos que había una pequeña cosa llamada «el gran premio» que él seguía mencionando. Me figuraba que ese premio era probablemente otro viaje gratis a ese mismo lugar de veraneo.

¿Captó usted la parte de *gratis*?

¡Así que estábamos *todos adentro*!

Si hay otra cosa que usted debe tener presente en todo este escenario, es que Ann había sido gimnasta la mayor parte de su vida. Así que cuando él dijo «acrobáticos», mis ojos se iluminaron. Sabía que ella era —y todavía lo es, de paso— más que capaz para realizar una inmensa variedad de movimientos gimnásticos: volteretas, saltos mortales y cosas por el estilo. Mi Ann puede hacer más lagartijas con un solo brazo que lo que nunca he soñado ni intentar.

Poco antes de que la música empezara, me acerqué a su oído y le dije bajito: «Si terminas este número con una lagartija de un brazo, ¡ganamos!». Ella me devolvió la mirada con aquel brillo competitivo y dijo: «¡Seguro!».

La música empezó y nos soltamos; mejor dicho, *ella* se soltó. Rápidamente yo pasé al segundo plano del gigantesco escenario y procedí a hacer mis diminutos pasos de danza —imagínese la extraña fusión de John Travolta en *Fiebre del sábado por la noche* con Kevin James en *Hitch*. Yo agitaba mis brazos, sacudía mi trasero, hacía unos pasitos «en un ladrillito» mientras que Ann ponía el teatro de cabeza.

Con mucha agilidad, cruzaba el escenario de un lado a otro rematando con una serie de acrobacias gimnásticas mortales por el aire. Terminaba cada voltereta perfectamente, ¡y el público aplaudía a rabiar! Con todos los gritos de admiración y júbilo parecía como si la gente estuviera presenciando fuegos pirotécnicos y no una competencia de baile. Yo simplemente hacía mis pasitos en segundo plano mientras susurraba: «¡Adelante, muchacha, adelante!». Todos sabían quién era la estrella.

Cuando la música se acercaba a su fin, ambos instintivamente sabíamos que necesitábamos un gran final. Yo me fui a un extremo de la plataforma, mientras que Ann hacía sus volteretas hasta el otro extremo. Cuando nuestros ojos se encontraron, impulsivamente se me ocurrió una idea estelar. Me incliné hacia delante y le hice una moción para que ella viniera a saltar entre mis brazos y así concluir esa extraordinaria secuencia de danza que nosotros (y uso el término «nosotros» a la ligera) acabábamos de lograr.

Ella respondió con una mirada confusa. Así que de nuevo, formé un círculo con mis brazos y le hice señas para que viniera y saltara entre ellos. De nuevo, se quedó perpleja. ¡No podía imaginarme qué podría ser tan difícil de entender! Mis brazos eran un círculo perfecto, tal como un hula. Mentalmente, concebía nuestra propia versión del espectáculo en el parque acuático Sea World, en donde la ballena Shamu salta del agua por un enorme hula, ejecutando perfectamente su salto mortal al final. En mis visiones de grandeza, podía visualizar a Ann saltando por entre mis brazos y plantándose en perfecto salto mortal... flotando sin ningún esfuerzo y diestramente en el piso y terminando todo con la ya mencionada lagartija en un solo brazo mientras yo me ponía detrás de ella y dramáticamente extendía mis brazos para decir: «¡Tará!». La multitud sin duda enloquecería, probablemente dándonos inclusive una ovación de pie.

Y, por supuesto, al momento, no había en mí ni una solitaria reserva de sabiduría para comparar a mi esposa con la ballena Shamu, o pedirle que volara por el aire hacia una muerte segura.

Después de todo, había un gran premio que ganar.

Como expertos en matrimonio que éramos, finalmente algo se encendió en Ann e indicó que entendía por completo mi fantasía con Shamu, y estaba más que dispuesta (si no anhelando) a lanzarse por el aire como la enorme mamífera oceánica. Así que empezó a correr hacia mí, a *correr* de verdad. Imagínese la manera en que el atleta corre hacia la barra en los Olímpicos, y yo era la barra humana.

Tenía una mirada de determinación en sus ojos. *¡Por eso me casé con esta mujer! ¡Miren esa mirada! ¡Ella no hace nada a medias!* Podía decir que iba a darlo todo para ganar el premio gordo y otro viaje gratis a algún lugar exótico de veraneo. En esa fracción de segundo, todo marchaba bien.

Al acercarse a mí, saltó por el aire a una altura y con una destreza inconcebible, muy por encima de mis brazos en forma de hula. Me imaginé que había sobrepasado el plan, así que rápidamente me hice a un lado para permitir que aterrizara sin problema. Aun así iba a ser un final asombroso, de modo que me di vuelta y continué haciendo mi maroma hasta que terminara; ni siquiera vi su aterrizaje.

Pero lo *oí*.

La estrepitosa caída se pudo oír incluso por encima de la estruendosa música. Retumbó como que si se hubiera estrellado con fuerza contra el suelo... tal vez alguien que esperaba que otro la recibiera. Sí, lo adivinó. De alguna manera, Ann pensó que yo la iba a atrapar en el aire y a hacer que diera una voltereta como Patrick Swayze y Baby en la película *Baile caliente*. Si hubo alguna vez un ejemplo de diferencia en la manera en que pensamos, fue ese. Ella estaba pensando en Patrick Swayze; yo estaba pensando en Shamu.

Cuando ella se estrelló contra el suelo, el público soltó una exclamación contenida. Yo no sabía si ella estaba bien, pero sabía que de cualquier manera, yo era hombre muerto. El trastazo debe haber resonado en alguna parte dentro de mí, porque aflojó algo en mi cerebro de cavernícola. De repente entendí lo que Ann estuvo pensando, y su lógica ahora tenía perfecto sentido para mí, como la hubiera tenido para cualquier ser humano razonable. ¿Por qué razón le di la espalda mientras ella volaba por el aire? Simplemente no podía creer que yo había permitido que ella cayera tan duro.

Cuando me volteé hacia ella, Ann estaba de cara al suelo... y, felizmente, riéndose a más no poder. Miré a los presentes y ellos se quedaron mirándome como aturdidos. Para ellos no cabía la menor duda de que yo me había retirado de la acrobacia como parte de una broma, como Lucy retirándole la pelota a Carlitos Brown. En verdad, recibí ceños fruncidos de las personas por los siguientes dos días en todas partes, porque no podían creer que yo hubiera podido ser tan descomedido con mi esposa. Traté de explicarlo, pero simplemente volteaban los ojos.

Ayudé a Ann a ponerse en pie, y era obvio que estaba adolorida. La extensión completa de sus lesiones todavía no era clara, pero yo tenía la confianza de que lo que venía luego haría que todo el dolor desapareciera en un instante: en realidad ganamos el primer lugar. De hecho, el voto del público fue unánime. Tal vez fueron votos de simpatía, pero no nos importaba, ya que el premio iba a hacer que todo hubiera valido la pena.

Así que, ¿qué era el gran premio? Prepárese...

Eran dos camisetas.

Y las cosas empeoraron. Cuando regresamos a Michigan y fuimos a ver al médico, nos enteramos de que Ann se había roto ambas muñecas en aquella fatídica caída en el escenario. Sí, fue así de malo... y yo me sentí muy mal.

Pero, ¿Ann? No tanto. Incluso cuando el médico le estaba enyesando ambos brazos, ella continuaba riéndose por toda esa experiencia.

Dé el ciento por ciento

Si hay algo que reveló nuestra escapada tropical parte lujosa y parte desastrosa, es que en este matrimonio nos entregamos por completo. Todos los que conocen a Ann saben que ella es una mujer «que se entrega totalmente». Ella no hace nada a medias... y quiero decir nada. Se entrega por completo...

en su andar con Dios,
como esposa para mí,
como mamá,
en su trabajo.

No hay nada en su vida en lo que dé solo el noventa por ciento o el noventa y cinco por ciento. Ella da el ciento por ciento todo el tiempo. Esta es una de las razones principales por la que me casé con ella. Ella hará lo que sea que se requiera para hacer memorable y espectacular cualquier cosa en que intervenga.

El matrimonio está creativamente diseñado como una empresa de «entrega completa». Cualquier cosa menos que eso diluye la invitación divina a participar juntos tanto en la aventura como en la adversidad, de manera que «a medias» jamás podría sostenerse. Muchas parejas se pierden este hecho clave al principio de su jornada juntos, lo que a menudo los deja sintiéndose desilusionados o abandonados en las etapas intermedias y finales de sus jornadas.

Sin embargo, no importa en qué punto del matrimonio esté —no ahora, al principio o avanzando raudamente con años atrás— nunca es demasiado tarde para descubrir el valor infinito de entregarse «por completo» en el matrimonio de la manera que Dios ideó para usted.

Dé todo lo que tenga

Hace años, Ann y yo adoptamos un versículo vital para nosotros como pareja. «Hagan lo que hagan, trabajen de buena gana, como para el Señor y no como para nadie en este mundo, conscientes de que el Señor los recompensará con la herencia. Ustedes sirven a Cristo el Señor» (Colosenses 3.23, 24).

«Hagan lo que hagan». Son palabras fuertes. Dios pudo haberlo dejado ambiguo o meramente especificar algunos aspectos de la vida. Podía haber dicho: «Cuando tu esposo sea gentil y bondadoso» o «Cuando tu esposa te anime como esposo o padre». Pero en lugar de eso, Dios abarcó toda nuestra vida con una invitación a que veamos todo en la vida como lo que realmente es: significativa para Él. Parezca trivial o no, es importante. Es un llamado a dar todo lo que tenemos, todo el tiempo.

Esas palabras me han consolado y me han corregido muchas veces en el matrimonio, principalmente porque es muy fácil perderse los momentos normales tipo «hagan lo que hagan». Cuando el trabajo le ha drenado a uno la esencia de la vida. Cuando uno está enfermo o lesionado. Cuando los hijos están enloqueciéndolo sin ninguna razón evidente. Cuando el itinerario es agotador y la *rutina* parece más una palabra de otro idioma.

En esos momentos tipo «hagan lo que hagan», a menudo nos resignamos a la mediocridad. Sin embargo, un matrimonio saludable empieza con un marco mental saludable… una determinación de que los dos —y *todo* de cada uno de ustedes— están entregados por completo a la misma meta. Y, más importante, ambos están dispuestos a pelear por eso más que por pelear uno contra el otro.

El matrimonio es difícil. Realmente difícil. Es más fácil para nosotros empezar con una actitud de «entrega total», pero cuando la vida se pone difícil (y siempre lo hace), retrocedemos, a menudo esperando que nuestro cónyuge salga al frente. Y, sí, hay veces en que uno de nosotros es débil y el otro debe estar fuerte para mantener las cosas en su sitio, eso es simplemente parte de la alianza del matrimonio.

No estoy hablando de tiempos difíciles en cuanto a las circunstancias de la vida tanto como de los tiempos difíciles en la manera en que cada uno de ustedes ve el matrimonio mismo. Ustedes tal vez necesiten «salir del juego» en ocasiones a fin de que su cónyuge pueda limpiar la última cochinada que el perro hizo en la sala. Eso es normal.

Pero cuando se trata de esos momentos en que el matrimonio mismo está enfrentando dificultad extrema, demasiadas parejas «se van del juego» en vez de «meterse por completo» juntos. Cuando usted sienta eso, debe olvidarse de su cónyuge aunque sea por un momento, a fin de que sobreviva y halle su perspectiva vertical. Deje de culparlos. Deje de examinar minuciosamente las faltas del otro y de excluir las suyas.

Sí, amigo mío, ¿y qué con *usted*? ¿Es tiempo para que *usted* salga al frente? ¿Para entregarse por completo? ¿O tal vez para volverse a entregar por completo? Traiga todo su yo al tapete cada día.

Ann me ha enseñado mucho sobre esta perspectiva… y, créame, no ha sido un paseo estar casada conmigo. Le he fallado una vez tras otra, al haber permitido que mi egoísmo domine mis acciones. En vez de buscarla a ella y tratar de suplir sus necesidades, he buscado ver lo que ella está haciendo por mí. Y, sin embargo, lo haya merecido o no, ella sigue corriendo hacia mí —una vez tras otra con el paso de los años— con absoluta entrega.

Sí, eso de «entregarse totalmente o por completo» en su matrimonio puede que le deje con lesiones serias. Ser valiente lo suficiente como para crecer y coherentemente revelarle su verdadero yo a su cónyuge puede darle más miedo que volar por el aire en un escenario en México (como le pasó a Ann). Puede que usted se lance en una voltereta en el aire emocionalmente, espiritualmente o incluso románticamente... solo para descubrir que su cónyuge no lo va a atrapar; esa es la simple realidad.

Y luego, cuando usted está volviendo a poner en su lugar los pedazos que quedan tras un momento de decepción, pelea o algo por el estilo, es demasiado fácil prometerse a sí mismo: *¡Nunca más volveré a hacer eso! ¡Duele demasiado!*

Ann conocía esa experiencia demasiado bien; tanto con nuestro matrimonio como con las muñecas de sus manos. Sin embargo, con todo y eso, dio la voltereta. A veces la atrapo; a menudo no lo logro. Pero, hombre, vimos a Dios armar un espectáculo en nuestro matrimonio. Le aseguro lo siguiente: ¡Dios nunca *le ha dejado* caer ni jamás *dejará* que caiga!

Nuestra red de seguridad

Y ahí está, el sujeto de la historia cambió (como debía) de «Ann y yo» a «Ann, yo y Cristo». Cuando Cristo está en la experiencia y usted responde a su invitación vertical primero, aun los momentos dolorosos (como tener ambas muñecas enyesadas) estarán salpicados de una sensación de gozo que es opuesta a sus circunstancias. Esa es la variable vertical. Esa es la red de seguridad para los dos.

Entregarse —o permanecer— por completo en su matrimonio no implica riesgo alguno, dolor o lesión, ¡pero eso no es razón para dejar de tomarse las manos y bailar dándolo todo! Porque la cuestión de fondo es que cuando (no si) ustedes caen, o aun si esa caída es más dura de lo que jamás se imaginaron, hay un Sanador presente que promete levantarlos a ambos, curar sus lesiones y ponerlos de vuelta en la pista de baile otra vez.

Los mejores matrimonios ven los riesgos que vienen al saltar juntos; pero confían incluso más en las promesas de Aquel que puede atraparlos o arreglar cualquier resultado que surja.

¡Qué gran oportunidad es la de «entregarse totalmente o por completo» en su matrimonio al llevar su perspectiva a un plano vertical! Como lo he hecho tantas veces en nuestro matrimonio, le animo a que se ponga de rodillas en este mismo instante y le entregue su yo completo a Cristo, aun cuando lo haya hecho mil veces antes.

Tal como la vastedad del cielo, lo que reside por encima de nosotros en Cristo es inmensurable; a usted nunca se le agotará el amor de Cristo. Usted puede confiar en Él lo suficiente como para pedirle que le dé nueva fuerza, una nueva perspectiva y una nueva consagración a entregarse por completo a la persona que le ha dado en matrimonio.

Recuerde, usted no puede controlar a su cónyuge; solo puede cambiarse a sí mismo. Pues bien, ni siquiera usted puede hacer eso, pero lo seguro es que Cristo sí puede hacerlo.

Le aseguro que si usted salta al aire hoy, Dios le atrapará. Su cónyuge tal vez no pueda (pregúntele a Ann), pero Dios ciertamente lo hará.

Sin embargo, nunca lo sabrá mientras no salte.

Capítulo 17

VICTORIA A TRAVÉS DE
la rendición

¡Pues bien, aquí estamos! Nos acercamos al fin de nuestro tiempo juntos y, tal como ocurre en todos los matrimonios, ha sido toda una jornada. No nos propusimos escribir un libro que diera respuesta a todas las preguntas, que resolviera todos los problemas ni que eliminara todo misterio en el matrimonio. Solamente esperábamos dirigirle a la solución vertical con Jesús, que puede ser el cimiento para lograr el matrimonio que usted siempre soñó.

Pensamos que si simplemente lo intentamos con suficiente intensidad, hablamos lo suficiente, trabajamos con suficiente eficiencia, manejamos suficientemente bien nuestro tiempo, e incluso si oramos el tiempo suficiente, podríamos lograr que nuestro matrimonio funcionara. De nuevo, ese pensamiento rara vez es consciente, pero a menudo es integral en la manera en que enfocamos las relaciones personales. La intervención de Dios empieza a sentirse como un suplemento útil en el proceso del que *nosotros* somos los encargados. En otras palabras, creemos que si se nos deja a nuestros propios recursos suficiente tiempo y con las circunstancias precisas, podemos hacer un matrimonio bastante bueno.

De todos los consejos y nociones que le hemos dicho, esperamos que cuando usted deje este libro, se percate de que Dios no es opcional, suplementario y ni siquiera una pieza útil del rompecabezas para un matrimonio mejor. No, Dios es la misma mesa en la cual yace el rompecabezas. Él no es un suplemento; es la fuerza misma.

Vaya a Dios primero

Hace años, fuimos a pasear en canoa con algunos amigos. A uno de ellos se le cayeron sus muy costosos anteojos oscuros en el agua, la que estaba extremadamente lodosa. Pero el agua no era muy profunda y sabíamos más o menos el lugar en donde se le habían caído, así que, ¿cuán difícil sería recuperarlos, verdad?

Nos zambullimos y buscamos por más de una hora; y no hallamos nada. El reto parecía más sencillo de lo que era, como también la solución. Al fin, alguien tuvo una idea que muchos de nosotros consideraríamos «infantil» o «innecesariamente religiosa», como si Dios no se preocupara por algo tan insignificante como un par de gafas oscuras. Con todo y eso, esa persona le pidió a Dios que nos ayudara a hallar lo que estábamos buscando.

En la siguiente zambullida, se hallaron los anteojos. Lección aprendida: acuda a Dios primero antes que de último. O mejor dicho, simplemente invite a Dios ahora y vea qué sucede.

El matrimonio parece sencillo en el noviazgo y cuando las aguas son claras como el cristal con romance, atracción y promesas de un amor de por vida. Pero en el camino, de la manera más definitiva, usted se hallará hurgando en el lecho del río lodoso, buscando cosas perdidas; cosas que parece que debían ser fáciles de hallar, como palabras amables, deseo sexual, solución de conflictos o simplemente un acuerdo sencillo sobre cómo preparar el presupuesto de la familia. Instintivamente usted querrá pensar que puede seguir zambulléndose y que a la larga hallará lo que está buscando. Muchos matrimonios —incluidos los cristianos— se ahogan en esas condiciones y bajo esas presuposiciones.

Nosotros casi nos ahogamos en nuestros esfuerzos por hallar lo que se había perdido. Por dicha, nos detuvimos y acudimos a lo vertical. Hemos hecho el hábito de pedirle a Cristo que nos dirija a las mismas cosas que simplemente no podemos hallar por nuestra cuenta. Sí, todavía tenemos que remar y nadar. Todavía tenemos que comunicarnos en cuanto a temas difíciles y pedir disculpas por ofensas repetidas. Pero cada una de las veces, Jesús ha sido fiel para hallar lo que se había perdido en el lodo y restaurar lo más valioso; y todo debido a su gracia, que nos invita a creer que *solo* Él puede sostener nuestro matrimonio.

Cuando Jesús dijo: «Separados de mí no pueden ustedes hacer nada» (Juan 15.5), a menudo aplicamos sus palabras solo a nuestra capacidad de orar de manera congruente o ministrar efectivamente en nuestras iglesias. ¿Por qué hacemos eso? Él no podía haber sido más claro. «Separados de mí no pueden ustedes hacer *nada*». Nada. Cero. Ni chispa. Ni jota. Never. ¿Capta la idea?

Digámoslo de esta manera: sin la intervención diaria de Dios, usted no puede hacer *nada* para ayudar a su matrimonio. Así que, entonces, un marco mental vertical no debería ser el suplemento para unos consejos, trucos y estrategias que tengan por objeto establecer un matrimonio saludable; debería ser el plato principal.

La gran noticia es que es muy sencillo. Es cuestión de pedirlo. Es cuestión de creer que *usted* no es la pieza central de la relación y que no todo depende de *su* capacidad para enderezar los entuertos. ¿No es eso lo que realmente quiere, de todas maneras? ¿El alivio de sentir que todo es asunto suyo, cuando sabe muy dentro que usted no es capaz de todo lo que supone el matrimonio?

La libertad en Cristo no es una frase señuelo de la iglesia; es algo real. Pero la libertad viene solo al rendirle el control a Aquel que lo tiene. Si continuamos peleando contra el llamado a dejar que Jesús tenga el control de nuestras vidas y nuestros matrimonios, seguimos empuñando al azar la rueda del volante mientras Jesús conduce; y todos sabemos qué clase de abolladuras (o algo peor) generan tales acciones.

Usted no necesita un gran libro ni una conferencia sobre el matrimonio para salvar el suyo; necesita un Dios grande. Cristo resucita muertos y cosas perdidas; especialmente los matrimonios. Para Él no es difícil hacer ni una cosa ni la otra; lo difícil, por lo general, es si le vamos a entregar el control lo suficiente como para buscar y aceptar su intervención. Batallamos para abandonar el argumento de ver cómo Jesús podría llevarnos a la solución; la misma solución que anhelamos principalmente. Pero, sí, eso significa que usted «pierde» sus puntos más fuertes en el argumento a fin de «ganar» en su matrimonio.

Pregúntese si esa pelea que ha estado librando por horas, meses o incluso años se siente realmente como libertad, aun cuando usted tenga la razón. ¿Qué tiene que perder al no hacerlo a su manera? Perderse usted mismo significa ganar a Dios y su intervención.

Fases relacionales

Todo matrimonio pasa por fases predecibles y recurrentes. Si no tenemos cuidado, esas fases pueden conducir a la desilusión y a un muro de negatividad. En la realidad, los resultados dependen de nosotros. Las fases no son de «una vez y se acabó». Más bien, si el matrimonio dura, esas fases recurrirán una vez tras otra, y depende de nosotros reconocerlas y aprender cómo enfrentarlas.

Usemos el acróstico *REDO* para describir esas fases.

LA FASE ROMÁNTICA

Durante el noviazgo, solo hay un burbujeo. Hay chispa. Hay magia. Traemos esa magia a nuestro matrimonio y la llamamos *luna de miel*. Esta es la etapa en que ambos individuos están perdidamente enamorados el uno del otro. Se les va la baba incluso a la vista del otro. Parece que no pueden mantener sus manos separadas del otro en público. Puede ser embarazoso a veces, pero parece que no les importa. Dave recuerda un tiempo cuando Ann solía frotar sus manos en el pelo de él. Por supuesto, esos días ya se han ido; ¡y también el pelo de Dave!

Esta fase es muy divertida. Hay energía y pasión... y todo el mundo se siente diferente. Hace poco un joven soltero se acercó a Dave después del culto y le dijo:

—¡Estoy en las alturas espirituales como no había estado en años!

—¿Estás conquistando a alguien? —respondió Dave.

—¿Cómo lo supiste? —contestó el joven.

LA FASE DE EXCITACIÓN

Pero hay que pasar a la *E,* que es por lo general igualmente una fase muy divertida. A esta fase podríamos llamarla de *excitación* o *expectación.* Cualquiera de esas palabras encaja. La excitación y las expectativas surgen de la fase romántica. Uno piensa que todo será siempre de esa manera; que el burbujeo y la magia que ahora siente por la otra persona siempre estarán allí. Muchos se casan en esta fase, pensando que sus sentimientos siempre estarán en su punto cumbre.

Están convencidos de que han hallado «a la persona ideal» y que a él o a ella siempre le amará y respetará como nadie más podría hacerlo. No verbalizamos esos pensamientos, pero en esta fase no podemos imaginarnos ni que nuestro cónyuge nos falle ni que nos desilusione. Es más, cuando otros nos digan que puede haber decepción por delante, concluiremos que nadie ha amado jamás a alguien tanto como nosotros nos amamos mutuamente. Somos perfectos el uno para el otro y siempre nos sentiremos así.

Entre a la siguiente fase...

LA FASE DE LA DESILUSIÓN

Uno nunca sabe cuándo una pareja se estrellará con la fase de la desilusión pero, con el tiempo, a todos nos sucede. Dave ofició la boda de una pareja hace unos dos meses y ya han pedido ayuda porque sienten que han cometido la más grande equivocación de sus vidas.

Ahora bien, parece una luna de miel *muy* breve, pero no se requiere mucho tiempo para que nuestras expectativas, que eran imposibles para empezar, queden lastimosamente sin cumplirse. Los sentimientos se desvanecen; y la conclusión es que el matrimonio está en crisis. Algo debe andar mal si los sentimientos han cambiado. La gente no cree que los sentimientos *siempre* cambian, y que ese no tiene que ser un momento de pánico.

Pero nosotros dejamos que cunda el pánico, de todas maneras. Pensamos: *Esto no es como yo pensaba que sería.* Uno no puede ponerle una cifra —ni tres semanas, tres meses, tres años ni quince años— pero llega un momento en que uno mira al esposo o a la esposa y de repente se pregunta si esa persona es o no lo que uno pensaba que era.

¡Ella nunca deja de hablar! ¡Él ya no es romántico! ¡Todo lo que quiere es sexo! ¡Ni siquiera usa cubiertos cuando come, por todos los cielos!

Esta es una etapa real en los matrimonios. Cuando usted está en la etapa de la desilusión o el desencanto, siente las cosas así. Y ahí es cuando las heridas realmente empiezan. Decimos y hacemos cosas que pensamos que nunca diríamos o haríamos. Como la noche en que Dave le dijo a Ann que preferiría estar muerto que casado con ella; ese fue un triste momento de decepción. Todo matrimonio enfrentará momentos como esos.

Así que usted pasa del romance, a las expectativas, a la desilusión y se pregunta qué hacer.

En ese punto usted debe escoger una de dos opciones...

LA FASE «O»
Opción «Se acabó»

La O es como una bifurcación en el camino. En primer lugar, puede representar la opción de *se acabó.* Se llama divorcio. Se llama ruptura. Se llama fin de una relación. *Se acabó. No estamos avanzando. Ya no puedo con esto. No puedo seguir casado contigo. Tú no eres la persona para mí.*

Cuando un matrimonio se rompe, es algo doloroso, horrible. No solo lo afecta a usted y a su cónyuge, también afecta a los hijos y a nuestro legado. El divorcio es como la muerte, aun en los casos en que usted deba hacerlo para protegerse.

En el matrimonio, esta *O* siempre es extraordinariamente dolorosa y trágica. Es el fin de un sueño y cuando los sueños mueren es terrible. Pero hay otra opción...

Opción vencer

Vencer es un término bíblico que aparece en el libro de Apocalipsis (véase, por ejemplo, 2.7, 11, 17, 26). Dios nos llama vencedores como seguidores de Cristo porque hemos sido redimidos y equipados para vencer al maligno. Vencemos en las luchas por la gracia y la fortaleza de Cristo.

En efecto, usted no puede vencer sin Cristo. Insisto, la razón es sencilla: su esposo o su esposa *nunca* le darán la satisfacción con la que anhela sentirse satisfecho. Solo Cristo puede hacerlo. Y si usted continuamente trata de obtener de su cónyuge lo que piensa que se merece, jamás lo logrará; ninguno de ellos lo tienen. Usted siempre vivirá en la fase *D*; siempre estará desilusionado; siempre estará desencantado.

Sin embargo, cuando usted entiende que puede vencer con Cristo, algo hermoso sucede: usted vuelve a la *R* y empieza de nuevo. Usted logra remodelar la relación. Es un ciclo. El romance vuelve como una inundación a su relación. No, no será como aquellos primeros días cuando empezaban el noviazgo; ¡puede ser incluso mejor que eso! Jesús es el Rey de las remodelaciones; su gracia nos reinicia y nos vuelve a colocar en el lugar que nosotros nunca podríamos conjurar por nuestra cuenta.

Este ciclo puede producirse incluso en el mismo día. Hemos tenido conversaciones dolorosas en la cocina. En condiciones como esa, hemos tenido que apoyarnos en Cristo con el fin de que podamos vencer y volver a hallar juntos el primer amor. Solo Cristo puede llevarlo de la etapa en que «se acabó» a la de volvernos a «enamorar», todo en el mismo año e incluso en el mismo día. Como hemos tratado de convencerle, la influencia vertical de Cristo no es simplemente una ilustración; es una realidad latente, genuina y milagrosa del amor activo de Dios por los suyos.

Usted se asombrará por lo que Cristo puede hacer con las malas cosas que usted trae a su matrimonio. Cuando estamos lastimados, nos aislamos emocionalmente. Queremos quedarnos ahí; pero si hacemos eso, generamos el potencial para perder su divina restauración. Sin embargo, tenemos que avanzar más allá de la ofensa y el aislamiento, aunque las conversaciones sean difíciles, y permitirle a Él que vuelva a empezar el proceso.

La victoria viene al rendirnos

La victoria y la supervivencia vienen mediante la rendición. A diferencia de las guerras que libramos físicamente, si usted quiere ganar en su matrimonio, tiene que rendirse. Debe ceder. Eso no quiere decir que se dé por vencido y diga que se acabó. Lo que significa es que usted rinde su propia palabra y más bien declara: «¡No puedo hacer esto! Necesito que lo haga alguien superior a mí; y no es mi esposo ni mi esposa».

Después de más de treinta años de casados, nos hemos dado cuenta de que necesitamos con urgencia que Jesús sea nuestro cimiento. Él no puede ser simplemente alguien a quien le *decimos* que es nuestro cimiento; debe *ser* —*en realidad*— ese cimiento. Cuando encontremos la vida en Él, tendremos la verdadera satisfacción. Puesto que cuando Dios nos llena a ambos, podemos dar más que exigirnos entre ambos. Y, de paso, si su cónyuge no se rinde a Dios, hágalo usted. Solo usted puede controlarse a sí mismo. Pídale a Dios que obre un milagro en su cónyuge. Esa es tarea de Él, no de usted.

Esto es lo que hemos aprendido: cuando no estamos llenos de Cristo, tratamos de obtener —el uno del otro— lo que solo Dios puede darnos. Convertimos a nuestro cónyuge en nuestro dios, pero todos ellos hacen un pésimo papel de dioses. Cuando nuestro cónyuge nos decepciona, concluimos que nos hemos casado con la persona equivocada, por lo que la búsqueda interminable continúa.

En su libro *Matrimonio sagrado*, Gary Thomas afirma que Dios nunca pretendió que el matrimonio nos hiciera felices; al contrario, debe hacernos santos, para que nos parezcamos más a Jesucristo.* Cuando Ann se desencanta de Dave, se ve obligada a acudir a Dios. Lo mismo hace Dave cuando Ann lo decepciona. Y cuando ambos clamamos a Dios, hallamos que Él empieza a moldearnos y a forjarnos para que seamos más como Jesús.

Una de las razones por las que usted se desilusiona tanto en el matrimonio es probable que sea porque Jesús está atrayéndole. Sí, la consejería puede ayudar. Leer un buen libro sobre matrimonio puede ayudar. Ir a un retiro matrimonial puede ayudar. Pero lo único que realmente puede transformarle a usted y a su matrimonio es entregarse usted y su matrimonio a Cristo. Nada más puede ni acercarse a transformarle como lo hará Jesús.

El apóstol Pablo escribe: «Quiero *conocer* a Cristo» (Filipenses 3.10, NTV, énfasis añadido). Él no dijo: «Quiero conocer *acerca* de Cristo». No. Dijo que quería conocer a Cristo íntimamente. Su declaración completa dice así: «a fin de conocerle, y el poder de su resurrección, y la participación de sus padecimientos, llegando a ser semejante a él en su muerte» (parafraseado).

Todos quieren conocer el poder de Dios en sus vidas. ¿Quién no querría eso? Pero Pablo dice que la única manera en que verdaderamente podemos conocer el poder de Dios es también conocer su sufrimiento. El dolor es la puerta de entrada al poder. Nuestro dolor a menudo nos empuja a Jesús. Usted está en una guerra, por lo que saldrá herido; pero aun con ese dolor, Dios ha provisto un plan hermoso para usted y para su matrimonio.

Lo mejor que puede hacer por su matrimonio es rendirse —y seguir rindiéndose— a Jesús. Aférrese a Él, permítale que traiga a su vida y a su matrimonio la victoria *de* Él. Por favor, atención a esto: la respuesta a su matrimonio *no* reside en saber o suplir las necesidades de su cónyuge con amor y respeto. La respuesta solo se encuentra al

---

* Gary Thomas, *Matrimonio sagrado* (Miami: Editorial Vida, 2011), pp. 9-13 del original en inglés.

rendirse a Cristo. Él no solo viene a nuestras vidas y a hacerlas un poquito mejor. Jesús no vino para convertir en buenas a las personas malas; vino para dar vida a los muertos.

Y hace lo mismo con los matrimonios. Cuando usted le entrega a Cristo su vida y su matrimonio, Él viene y hace una remodelación completa. Es la misma dirección, pero una casa totalmente diferente. Él lleva el matrimonio...

De la muerte a la vida
Del desaliento a la esperanza
De la impotencia al poder
De la falta de perdón al perdón
Del temor a la intrepidez
De la tristeza a la alegría

Esperamos que este libro le haya ayudado a ver que Cristo, y *solo Cristo,* es su respuesta. Él quiere hacer un milagro en su vida y en su matrimonio. Si opta por ir a lo vertical en este momento, Él empezará a ejercer su poder milagroso, poder que cambia la vida y transforma el legado.

¿Qué espera?

Me encanta cómo la Biblia lo expresa: «Ten en cuenta a Dios en todo lo que hagas, y él te ayudará a vivir rectamente» (Proverbios 3.6, TLA).

¿A qué estas esperando? ¡Hoy puedes comenzar una vida, un matrimonio y un legado nuevo!

Ofrece la siguiente oración:

Padre, te entrego todo de mí ahora mismo. Te pongo a ti primero de ahora en adelante y elijo encontrar mi vida, mi felicidad, solo en Jesús. Lléname de tu Hijo Jesús de una manera tan poderosa que me convierta en el hombre / mujer que tú me creaste para ser. En el poder y el carácter del nombre de Jesús te lo pido. Amén.

RECONOCIMIENTOS

Ser escritores primerizos significa que fueron muchas las personas responsables de que este libro se convirtiera en realidad. Desde lo más profundo de nuestros corazones, queremos agradecer a...

Dennis y Barbara Rainey, que nos invitaron a ser oradores en Family Life hace casi treinta años y se convirtieron en nuestros mentores. Gracias por servirnos todos estos años. Simplemente tomamos lo que nos dieron y se lo damos a otros. Creo que eso se llama discipulado.

Bob Lepine: lo creas o no, fuiste el primero en decir: «Vayan a escribir *El matrimonio vertical* y escríbanlo ya». Fuiste la chispa que encendió este libro. Gracias por creer en nosotros

Denny y Scoob, amablemente ofrecieron su casa por una semana para que pudiéramos escribir ahí. Gracias. Espero que podamos hacerlo de nuevo y pronto.

John Driver: tomaste decenas de miles de nuestras palabras y las editaste en algo realmente valioso. Tu habilidad y tu cuidado son excepcionales, y estamos eternamente agradecidos.

Austin: qué alegría llamarte hijo y agente literario. ¡Eres muy, muy bueno en tu trabajo! Tenerte como nuestro agente fue lo más valioso de esta travesía. Sin ti, este libro sería solo otro sueño más, pero tú lo hiciste realidad. Gracias. Te amamos.

El equipo de Zondervan: David Morris, Tom Dean, Sandra Vander Zicht, Dirk Buursma, Robin Barnett, todos unos profesionales, nos guiaron muy bien en este proceso. Nos hicieron sentir amados y valorados. Gracias por creer en nosotros y llevarnos a la línea de meta (sí, sabemos que el verdadero trabajo apenas comienza).

Congregación Kensington Church: nuestra asociación en el trabajo del reino con Steve y Paula, Mark y Callie, y el personal de Kensington nos ha dado una alegría extraordinaria, una verdadera misión y un propósito genuino. No hay nadie que escuche la voz de Dios y obedezca al instante como la gente de Kensington. No somos dignos de su amor y su aprobación. Gracias por confiar en nosotros y seguirnos en los pasados veintinueve años. Este libro es nuestro agradecimiento a ustedes.

Las parejas de Detroit Lions: durante las últimas treinta y tres temporadas, hemos sido impactados por innumerables entrenadores, gerentes generales, presidentes y empleados, así como por los jugadores y sus esposas. Estos hombres y mujeres han creído en nosotros, nos han seguido y nos han convertido en lo que somos hoy. ¡Todas las verdades sobre *El matrimonio vertical* se probaron por primera vez con ustedes!

Debbie, nos has servido fielmente por casi treinta años con energía y compromiso ilimitados. No podríamos haber escrito una palabra sin que te ocuparas de cada detalle de nuestras vidas. Haces que dos personas inmanejables sean manejables, y nunca podremos agradecerte lo suficiente.

T2 y la primera junta directiva: cada gran matrimonio tiene una gran comunidad a su alrededor. Ustedes son nuestras almas gemelas. Su amistad, su responsabilidad, su habilidad y su fe en nosotros han hecho que nuestro Ministerio de Matrimonio y Familia sea una realidad. Gracias por su compromiso inquebrantable con nosotros. Sin ustedes, solo estaríamos hablando de un libro.

Michelle: un saludo especial por tomarte el tiempo para leer el manuscrito completo y hacer las modificaciones requeridas. Hubo un comentario necesario en casi todos los capítulos. Tu amistad y tu compromiso con nosotros hicieron que nos destacáramos. Gracias por amar tanto a Ann.

Dick y Toot (la mamá y el papá de Ann): su matrimonio de sesenta y ocho años ha sido una inspiración para nosotros y para todos los que les rodean. Realmente han vivido lo que prometieron con sus votos matrimoniales, sobre todo «en enfermedad y en salud», durante esta etapa de su matrimonio. Gracias por ser nuestros mejores amigos y por creer siempre en nosotros.

Jesús, primero nos salvaste y luego salvaste nuestro matrimonio. Tu gracia con nosotros es realmente sorprendente. Gracias por darnos el camino, la verdad y la única vida que vale la pena vivir. Tú y solo tú eres Vertical. Sin ti nada hay y contigo lo hay todo. Que se multipliquen tu gracia, tu verdad y tu esperanza entre miles de personas a través de estas palabras.

Ir a lo vertical

PREGUNTAS PARA PAREJAS

Lean un capítulo y luego acuéstense y comenten al respecto... o siéntense junto al fuego, en su porche o en su automóvil en el estacionamiento. ¿Quién sabe a dónde puede llevar esto, o hasta una oración en el suelo?

CAPÍTULO 1: SEIS PALABRAS QUE LO CAMBIARON TODO

1. En su matrimonio, ¿cuándo ha recibido el impacto de un «ladrillo»: un reto, reacción o situación que nunca imaginó?
2. ¿Qué tipo de impacto ha tenido ese «ladrillo» en su relación?
3. ¿Cuáles fueron, o son, sus expectativas sobre:
   • su matrimonio?
   • su pareja?
4. ¿Hay cosas en cuanto a su matrimonio que desearía poder decirle a su cónyuge? ¿Qué le impide hacerlo? ¿Qué tal si lo intenta en este momento? (Solo escuche y afirme. No replique. Luego, relaciónelo con lo vertical, ya sea solo o juntos).

CAPÍTULO 2: «HE PERDIDO MIS SENTIMIENTOS POR TI»

1. Califique su matrimonio en una escala de 1 a 10. (Considere que este número puede subir o bajar continuamente). ¿Por qué lo calificó así? (Quizás quiera orar antes de explicar).

2. ¿Cómo lidia usted con la desilusión en su relación? Hable al respecto con su cónyuge y por qué aborda el tema de esa manera.

3. ¿Cómo han afectado a su matrimonio las presiones y las responsabilidades de la carrera, la vida o los hijos?

CAPÍTULO 3: SORPRESA EN LA SUITE DE LA LUNA DE MIEL

1. ¿En qué manera se opone Santiago 1.1-5 a muchas de las expectativas que tendemos a tener en cuanto a una vida dedicada a seguir a Dios?

2. ¿Cómo se sentiría si creyera que Dios le formula la misma pregunta que le hizo a Ann: «Morirías por mí para que yo pueda hacer de _____ la persona que deseo?». Explique.

3. Comente o cuente algunas de las pruebas por las que usted y su cónyuge han pasado o están pasando. Dave siempre dice: «Las pruebas le harán amargo o mejor: la elección depende de usted».

4. Siéntese tranquilamente con Dios y pregúntele si hay algo que quiera decirle.

CAPÍTULO 4: LO VERTICAL EMPIEZA AQUÍ

1. Todos dicen Dios primero, luego la familia y después el trabajo. Pídale a su cónyuge o un amigo cercano si usted está viviendo de acuerdo a ese orden.

2. ¿Qué le dificulta a usted poder vivir en ese orden de prioridades?

3. ¿Hay algunos cambios que pueda hacer en su vida que mejoren sus prioridades?

4. Saque su agenda y haga que suceda lo siguiente:
   • Desvíese diariamente: quince minutos de hablar con Dios y hablar bastante con su cónyuge
   • Sepárese semanalmente: un día de descanso o para salir los dos una vez a la semana
   • Apártese anualmente: retiro espiritual o retiro para matrimonios

CAPÍTULO 5: «VUELVE ACÁ Y PELEA COMO UN HOMBRE»

1. ¿Cómo lidiaban sus padres con el conflicto? ¿Qué les dio buenos resultados? ¿Qué funcionó mal?
2. ¿Cuál es su estilo de conflicto? ¿Ganar, ceder, retirarse o resolver? ¿Cuán perjudicial o útil ha sido eso?
3. Hable de un conflicto reciente que haya tenido. ¿Qué salió bien y qué mal? ¿Qué cambios puede implementar para ayudar? (Esto es para que usted cambie, ¡no su cónyuge!).

CAPÍTULO 6: BIENVENIDO A LA SELVA

1. ¿Cómo se manifiesta más el egoísmo en su matrimonio? (Si acaba de pensar en lo egoísta que es su cónyuge, simplemente ha confirmado el punto. ¡Ja, ja!).
2. Si usted fuera Satanás, ¿cómo destruiría su matrimonio?
3. ¿Cómo puede usted luchar contra Satanás más que con su cónyuge?
4. Conversen sobre algunas estrategias que les ayuden a luchar contra el enemigo y no contra su cónyuge. Aquí tenemos unos ejemplos:
   - No peleen cuando tengan hambre, estén cansados o estresados.
   - Eviten hacer declaraciones acusatorias y menos aún usar un tono crítico.
   - No pongan los ojos en blanco.

CAPÍTULO 7: MODALIDADES DE LA IRA

1. Pregúntele a su cónyuge, o a un buen amigo, si cree que usted tiene problemas con la ira. ¿Qué tipo de señales ven? (Tenga cuidado con la manera en que lo expresa. No use palabras como «tú siempre» o «tú nunca». Comience con «me siento como...» o «parece...»).
2. Examine a fondo sus estallidos coléricos. ¿Cuál fue la primera emoción que pasó por alto?

3. ¿Qué es lo mejor que su cónyuge puede hacer cuando usted está enojado? (Pregúntele).
4. ¿Qué es lo peor que su cónyuge puede hacer cuando usted está enojado? (Pregúntele).
5. ¿Hay alguien a quien necesite perdonar? (No olvide perdonarse a sí mismo. Comience pidiendo ayuda a Dios).

CAPÍTULO 8: CIÉRRELA, SIMPLEMENTE

1. Pregúntele a su cónyuge si hay un área en la que usted no está escuchándole. (No responda de inmediato. Piénselo y pregúntele a Dios cómo puede cambiar, luego converse sobre ello el día siguiente).
2. En vez de tratar a solucionar los problemas de su cónyuge, pregúntele qué le parece si usted le escuchara. (No se sorprenda si le pide que deje el teléfono o apague la televisión).
3. Cuando se trata de decir la verdad con amor, ¿actúa más como narrador o como una persona que ama? Si narra la verdad, ¿cómo puede mostrarse más amorosa? (Tuve que orar sobre eso y algunas veces pedirles a mis amigas que me ayudaran a reformular las cosas antes de hablar con Dave). Si es una persona amorosa, pídale a Dios el valor para hablar la verdad con amor y encontrar a alguien a quien rendirle cuentas.

CAPÍTULO 9: DERRIBE ESA PARED

1. ¿Siente usted que tiene algunos problemas sin resolver, o ladrillos, en su relación? ¿Qué son y por qué cree que no se han resuelto?
2. Pregúntele a su cónyuge si siente que hay ladrillos o murallas que les están separando.
3. ¿Cuál es el primer paso que pueden dar para deshacerse de los ladrillos? Pista:
   - Orar.
   - Dar una respuesta amable.
   - Pedir disculpas si es necesario.
   - Buscar y conceder el perdón.

4. Pregúntele a su cónyuge qué palabras y acciones manifiestan amor y respeto en medio del conflicto. (Si ha usado sus palabras para menospreciar, dañar o reprender a su cónyuge, discúlpese y busque el perdón. Despójese del orgullo. Hacerlo honra a Dios. Acostúmbrese a hacer de ello una práctica frecuente. Con eso derriba murallas).

CAPÍTULO 10: «TODO LO QUE OIGO ES ABUCHEO»

1. Mujer, pregúntele a su esposo si él siente que le echa porras. Pídale que le explique su respuesta.
2. Hombre, dígale a su esposa qué palabras o acciones le trasmiten respeto a usted.
3. ¿Qué palabras o acciones le comunican falta de respeto? (Mujer, comience a llevar sus pensamientos cautivos y muéstrese alerta cuando los pensamientos negativos sobre su marido empiecen a causar estragos en su mente. Para contrarrestar esos pensamientos negativos, inicie un diario de «porras». Comience a escribir lo que su hombre hace bien y por lo que está agradecida a él. Después de llenar varias páginas, haga una cita y salgan juntos, luego lea lo que escribió. Observe a su esposo haciendo algo bueno cada día y aliéntelo por ello).
4. Esposo, comparta con su esposa un área en la que pueda usar más porras.

CAPÍTULO 11: LO QUE TODA ESPOSA ANHELA

1. Hombre, pregúntele a su esposa si ella siente que la ama. Pídale que explique su respuesta.
2. Mujer, dígale a su esposo qué palabras o acciones le comunican amor a usted.
3. ¿Qué palabras o acciones le hacen sentir que no es amada?
4. ¿Qué nos enseña Efesios 5.25 acerca de la manera en que Cristo ama a su novia? ¿Cómo se puede aplicar esto a su matrimonio? (Hombre, la mujer anhela ser buscada. Cada día,

ponga un recordatorio en su teléfono que le indique eso. Podría ser un mensaje de texto, comprarle un par de rosas, pasar la aspiradora por la casa o hasta bañar a los niños. Esta será la mayor inversión para su matrimonio, y cosechará grandes dividendos. No se rinda si ella no responde de inmediato. A veces puede tomar un tiempo).

CAPÍTULO 12: SEXO EN LA CAPILLA

1. ¿Cuáles eran sus expectativas sobre el sexo antes del matrimonio?
2. ¿Cuán diferente ha sido el sexo conyugal de lo que usted pensó que sería?
3. ¿Qué es la mejor parte de su vida sexual, o si está usted luchando en este momento, qué ha sido la mejor parte?
4. ¿Qué es algo que usted puede hacer para mejorar su vida sexual?

CAPÍTULO 13: ¿NO PIENSA USTED EN EL SEXO TODO EL TIEMPO?

Este puede ser un tema difícil de discutir, pero trate de abordarlo.

1. ¿Cómo afecta su intimidad sexual al estrés, a un itinerario ajetreado o a los niños?
2. Pregúntele a su cónyuge qué puede hacer para ayudarle a «tener ganas».
3. Si está discutiendo sobre la frecuencia, pregunte a su cónyuge por qué quiere tener más sexo o por qué quiere menos.
4. ¿Qué significa para usted el toque no sexual? Dígale a su cónyuge si es necesario y por qué.
5. Pregunte a su cónyuge si tiene algunas «maletas» pesadas que está cargando y cómo puede ayudarle usted.

CAPÍTULO 14: EL PROBLEMA DEL CUELLO DE DAVE (PERSPECTIVA DE ANN)

1. ¿Ha experimentado usted un momento en su vida o en su matrimonio cuando se sintió extraordinariamente inseguro?

Explique. ¿De qué manera ha afectado la inseguridad su matrimonio?
2. ¿Por qué es importante conocer su identidad personal en su matrimonio?
3. ¿Qué es lo más difícil de confiarle a Dios en cuanto a su matrimonio y a su vida? ¿Qué es lo que le impide rendirle esa área a Él ahora? Dios le está preguntando: «¿Puede usted confiarme _____? «¿Cuál es su respuesta? (Tome nuestro consejo. Deje que Él lo tome... ¡ahora!).

CAPÍTULO 15: EL PROBLEMA DEL CUELLO DE DAVE (DESDE SU PROPIA PERSPECTIVA)

Es hora de tener la «charla sobre la pornografía».

1. ¿Hay alguna tentación sexual que le esté escondiendo a su esposa? Ore y pídale a Dios que prepare el corazón de su cónyuge y que le guíe a través de esta conversación. (No se desaliente si su confesión no es recibida con aplausos por su cónyuge. Esa conversación no fue buena al principio para nosotros. ¡Recuerde que su Padre celestial le está echando porras como un loco por traer esto a la luz!).
2. Si están luchando en esta área como pareja, busquen otra pareja piadosa con quienes puedan compartir esto, pídanles ayuda y ríndanles cuentas.
3. Si su cónyuge está luchando, pregunte qué puede hacer usted para ayudarle. Empiece a orar por él o ella.
4. Todo esposo necesita a otro hombre y toda esposa necesita a otra mujer que pueda ayudarle. ¿Quién es esa persona para usted? Haga la llamada hoy.
5. Dave enumeró cuatro ideas que pueden ofrecer ayuda a hombres o mujeres. ¿Cómo se pueden aplicar esas ideas a su vida y a su matrimonio hoy?

CAPÍTULO 16: ENTREGA TOTAL

1. ¿Alguna vez ha tenido un momento en su matrimonio en que se sintió como que uno, o ninguno de los dos no estaban «entregados por completo»? ¿Qué les llevó a esa conclusión? ¿Qué les condujo a ello? ¿Cómo se sintió eso?

   Es el momento de la decisión. No importa lo duro que haya sido o qué tan mal esté luchando en su matrimonio, no tiene la más mínima oportunidad a menos que esté completamente entregado a hacer lo que sea para salvar su matrimonio. Una nueva vida y un nuevo matrimonio empiezan ahora. No lo deje para mañana. Comprométase o vuelva a comprometerse ahora mismo.

   ¿Está dispuesto a *entregarse por completo*? Entonces dígaselo a su cónyuge y a Dios. Él le encontrará justo donde usted está y le dará su poder para llevar a cabo ese compromiso. Pero si no está dispuesto, al menos tómese un tiempo para pensar en esto: *¿Qué me impide dar el salto?*

CAPÍTULO 17: VICTORIA A TRAVÉS DE LA RENDICIÓN

1. ¿En qué fase del matrimonio —romántica/excitación/ desilusión/«O» (Se acabó)— se encuentra ahora?

2. ¿Qué paso o pasos puede dar para traer de vuelta algún romance y emoción a su matrimonio?

Nos agradaría recibir noticias suyas.
Por favor, envíe sus comentarios sobre este libro
a la dirección que aparece a continuación.
Muchas gracias.

Vida@zondervan.com
www.editorialvida.com